職場認真 36

穩住投資心態50智慧

股市上上下下，
40年投資CEO給你最老練的
獲利思維

Top 50 Rules of Investing

An Engaging and Thoughtful Guide
Down the Path of Successful Investing Practices

Scott Reed

史考特・里德——著　薛芷穎——譯

國內外投資界好評推薦

完整的投資策略既是數學，更是哲學。如果你想建立自己的投資策略，就來看看這本書吧。作者擁有多年經驗，提供了許多寶貴的建議！

——姚侑廷　姚侑廷的自學筆記版主

股票可以崩，心態不能崩，不因大盤空頭而懈怠，不因行情樂觀而自滿。推薦這本《穩住投資心態50智慧》給所有投資人。

——鄭詩翰　年輕人的投資夢版主

成功的投資，始於正確的心態，成於堅持行為的紀律。《穩住投資心態50智慧》告訴你，當你能穩住自己，就能穩穩前進。

——陳逸朴　《一年投資5分鐘》作者

《穩住投資心態50智慧》堪比理財書籍中的《伊索寓言》，用極短的理財小故事或精簡的句子，引導我們看見金融大道理，例如「利息可以是一把雙面刃」這句話。

——A大（ameryu）　《A大的理財金律》作者

《穩住投資心態50智慧》以四十年經驗淬煉投資真諦，簡潔睿智，穩住新手心態，值得一讀。

——單身狗投資成長日記　投資粉專版主

想投資獲利並不需要複雜操作，《穩住投資心態50智慧》教你掌握簡單雋永的心態法則！

——Jet Lee　Jet Lee 的投資隨筆版主

投資如遠航，比的不是速度，而是誰撐得久。穩住心態與紀律，才能穿越風暴，看見燈塔。

——股海小水手　股海小水手的航海投資日誌FB專頁主

被動長期持有勝過主動短線進出，留在市場、享受波動，《穩住投資心態50智慧》教你處於長期不敗之地。

——清流君　財經 Youtuber

《穩住投資心態50智慧》教你今天種樹，未來乘涼。

——股海老牛　價值投資達人

《穩住投資心態50智慧》提到低成本指數要長期投資，並提醒你約每四年會遇到一次下跌20%的熊市，你要扛得住，才能參與後續牛市上漲。這就是老練投資CEO的智慧結晶。

——余家榮　理財作家／效率理財王版主

史考特．里德是受託顧問，也是才華橫溢的作家。《穩住投資心態50智慧》秉持全面財務規畫理念，融合個人化投資建議技巧，甚至傳授如何打造美好人生。用字清晰明瞭，比喻生動貼切，讀來充滿熱情、平易近人，理念傳達得恰到好處。走踏投資界四十多年來，極少看到一本著作，智慧足以超越《伊索寓言》；史考特．里德提出積極正面、恰如其分的建議，更透過真實案例，傳授歷久彌新、行之有效的心法，幫助投資人專注未來、找到解決方案。珍貴無比的智慧，濃縮成五十條淺顯易懂、極有幫助的法則，是我夢寐以求的事，史考特．里德做到了。佩服佩服。

——Keith "Sunny" Loveland 二〇一〇年財務規畫協會「財務規畫之心大獎」得主

史考特．里德在本書《穩住投資心態50智慧》提出金錢、投資上的建議，篇篇像雞米花般容易入口。讓人吮指回味的還多得很……一則則故事令人莞爾，人生與友誼的真諦、寶貴經驗、智慧箴言俯拾即是。他透過這五十條法則，將畢生知識傾囊相授。

——Tom Brown 廣播及電視主持人

史考特．里德常說：「投資可不是火箭科學！」市面上，投資方案跟廣告說得天花亂墜，金融商品好得猶如天方夜譚，卻根本難以理解，看到請直接忽略。史考特．里德的這本指南《穩住投資心態50智慧》，也許有濃濃鄉土味，但絕對切實可行，好好拜讀，讓你的財務幸福、整體人生煥然一新。

——Barry Flagg　維拉利堤人壽保險評級公司總裁、創辦人、發想人

史考特．里德這本《穩住投資心態50智慧》，對投資與人生的建議意味深長、直截了當，對初出茅廬的年輕專業人士尤其管用。這部指南，對剛踏上投資旅程的人來說，更是如獲至寶，能幫助你培養致勝心法，打造成功投資組合，邁向幸福人生。

——Cannon Funderburk　執業律師及前聯邦法院法官助理

目錄

前言

上一版 *Top 40 Rules of Investing* 前言提到：「投資法則絕不只有四十條，如果讀者夠多，又願意付諸實踐，我保證出續集，加進更多法則。」喏，我履行承諾了！第二版，也就是本書 *Top 50 Rules of Investing*，新增了十條法則。

有不少讀者說，我的書就像一本參考指南，依當前狀況複習相關章節。為增加學習成效，這一版在各章節後加上筆記頁，方便記下心得感想，日後可供參照。此外，書末也放上行動條碼，掃描便可進入本書網站，不僅有更多法則資訊，還有影片逐條講解，內容可說更加詳實。

好的投資決策，背後應有一套哲學，投資文獻卻隻字未提，學校也不曾教導。本書第一版，便是為填補這一大塊空白。坊間大多數投資書籍，只告訴你該做什麼、該怎麼做，提供致富策略，傳授獲利可期的選股訣竅，要你依樣畫葫蘆。寫這本書，則希望教投資人如何思考。一旦知道如何思考投資，不論碰到什麼情況，都能舉一反三，做出更妥當的決策。

比起當初踏進投資業的人，現代人注意力可說是愈來愈短。正因如此，我把每章節控制在七百到九百字之間，好讓讀者保持專注，一抓到空檔便能翻閱。老實說，把這本書當成海灘讀物也相當不錯！雖不敢和約翰·葛里遜的驚悚小說相提並論，此書確實十分輕巧，海灘包絕對裝得下，想到就拿來讀，隨時中斷也行。

誠如第一版前言所說，有些法則是從慘痛教訓學來的，有些得自實證資料、客觀數據。不論如何，在我將近四十年的投資顧問生涯裡，每條法則都證實管用。

「投資法則」第二回合，希望你會喜歡！

法則 1 朋友比金錢可貴

大雪落下，寒風吹起，孤狼會死去，狼群會存活。

——《冰與火之歌》作者喬治・馬丁

二〇一四年四月最後一晚，星期三晚上，將近八點。我坐在家中書桌前，憑著連接發電機的燈光，盯著平板思索，對於投資，該談些什麼好。望向窗外，人生有了劇變，一切只在彈指之間。事發時，和家人窩在地下室的浴室。一場F3級猛烈龍捲風席捲家園，幾乎把我所有心血都颳進風裡去。

我們算幸運了，至少人都沒事。即便如此，大自然重創造成的衝擊，令人久久無法平息。加起來十二英畝的土地，有九成樹木都連根拔起，家裡三棟房子摧毀殆盡。畢生熟悉的世界，短短十八秒間面目全非。

龍捲風掃過不到幾分鐘，外甥就出現了，從不遠處的住家跑來找我們。又過幾分鐘，一位老友不惜翻越斷枝殘幹來看我們。才過一小時，姐夫也出現了，泥濘不堪，渾身濕透。他們社區也受到波及，剛好幸免於難，就趕來了。

接下來整個下午，孩子的青年牧師來了，老友從附近、甚至自牛津遠道而來，不為別的，就是來提供援手。更令人動容的是，許多人我素未謀面。第二天一早，一名龐托托克市來的男子，開拖拉機來到我們家，從早上七點忙到晚上七點，不曾喊累。更有一組十人小隊，扛著電鋸、開了一臺堆高機來清理家園，為我省去好幾天的體力活。妻小在新朋舊友全力協助下，在家裡忙上忙下。女兒朋友也上門幫忙。有一度，我仔細算了算，視線內共有二十把電鋸在運轉。最後，我們總算清出一條小徑可通往大馬路，前院車道也清空了。也許有點陳腔濫調，然而望著四周滿目瘡痍，腦海只有一個念頭，那就是我好有福氣，這一生變得好富有。我知道世上有好人壞人，危機降臨時，似乎好人會出頭。

我要寫一本給投資人的法則指南。左思右想，哪條法則該列為第一？「投資夥伴必須是你信任的人」固然重要。「了解涉及的風險」也很重要。顧問必須以你的最大利益為優先，這就不在話下了。這週以來，我和家人都有深切體悟。

他們把自身利益擱一旁，以我們的最佳利益列為優先、將我們擺第一位。今晚我邊沉思，望著一片狼藉，後院不再是後院，仍像是戰場；我突然領悟到，哪條法則該放第一，答案只有一個。投資法則一，就是投資你的朋友。我知道可能有點老套，不像其他投資點子那樣炫麗奪目，但絕對是首要之務。

如果朋友會在你需要時伸出援手，那你永遠不會窮愁潦倒，這是鐵一般的事實。若不願與他人分享生活點滴，在朋友需要時陪他們度過難關，你永遠不會富有。除非做到這一點，退休金存再多都似乎無關緊要。

019 **法則 1**
朋友比金錢可貴

法則 2 投資他人

為他人而活，人生會變得艱難，但也更富有幸福。

——非洲叢林醫師史懷哲

撥出足夠時間，讓居住地區變得更好。地方商會或聯合勸募都是不錯的管道。童子軍、大哥大姐會、男孩女孩俱樂部、交響樂團或劇院也有招募志工。不必糾結以什麼形式參與，動起來就對了。

你會發現，幫助他人有許多意想不到的好處。大部分人會告訴你，助人為樂，但最大祕密是，助人其實也幫助了自己。清理街道上的碎石殘枝（這可不是囚犯的專利）、為救世軍收容的街友提供食物也好，或參加投資委員會，決定善款如何妥善投資也罷。不論本業為何，都能獲益良多，比如讓人生更有意義、節約開銷、了解浪費的代價、對仰賴你的人負起責任等。接下來，你會發現自己漸漸學到，如何從不同觀點打造現實目標、評估風險，這對自身投資也有潛移默化的影響。

大家用自己的錢投資時，很難保持理性。只要能換取豐厚報酬，無論如何，總能自我說服、忽略風險。用聯合勸募的錢投資，對大部分人來說，完全是另當別論。善款是要幫助需要幫助的人，魯莽造成資金虧損，勢必不容接受。

參加志願服務，能迫使大家以理性、認知思維來解決問題。也讓大家見識到，以受託人角色管理、優先考量投資人利益，最終才能獲致成功。機構投資績效勝過散戶，這點眾所周知。達爾巴金融服務市調集團例行發布的研究顯示，機構與散戶投資報酬率有顯著差距。最新一期研究指出，差距約達百分之七。也就是說，如果你賺了百分之三，機構帳戶平均賺了百分之十左右。

會有此一差距，我認為主因在於，投資機構資金時，大家會逼迫自己客觀，思考怎樣的決策對機構最為有利。學習用別人的錢做決策，能迫使自己成為更明智的投資人。

這條法則一大優點是，幫助他人的同時，不可能不幫助自己。發揮大我，也可以保有小我。是一種多贏局面。

023 **法則 2**
投資他人

法則3 知道你的合作夥伴是誰

就算世界不斷試圖改變你，仍能堅持做自己，便是人生最偉大的成就。

——美國思想家愛默生

法則三「知道你的合作夥伴是誰」看似簡單，其實並不容易。「與你信任的人合作」這句建言，想必大多數人都聽過。確實有道理，幾乎可自成一條法則，但還不夠。在我們這一行，找一位值得信任又符合需求的夥伴，相當不易。

一九九〇年代初，銀行、經紀商、保險公司，甚至各形各色自稱從事投資業的人，名片上都可隨心所欲自吹自擂。一九八五年，我取得美國證券從業員系列七執照，人生第一張名片印著「股票經紀人」，得意極了。如今不做仲介，名片也拿掉這一項了，而是靠提供建議收取費用，客戶關係跟經紀人迥然不同。問題又來了，在客戶眼裡，名片上自稱「顧問」比「股票經紀人」來得厲害，所以現在很多名片都掛上「顧問」、「諮詢顧問」頭銜，其實可能兩者皆非。

你也許會說，合作的投資專家確實有給建議，很可能如此沒錯。問題在於，當初聘請對方的目的為何。大多數投資人需要的，恐怕不是顧問。你可能傾向自行決策，只是想找手上有多種產品的人，適時徵詢意見。若是這種情況，股票經紀人可能較合乎需求。若是想了解，哪些保險產品符合你的生活方式，保險經紀人恰可滿足所需。顧名思義，這些投資專家要賺取收入，不是靠給建議，而是靠賣產品。產品是否符合需求，你得自行定奪，責任自負。

令人困惑的不僅如此，在我們這行，諮詢顧問和顧問確實有雷同之處，倒是有一關鍵差異：諮詢顧問收取顧問費，但一般來說不必為建議負責，最終仍由客戶決策。諮詢顧問只是提供意見，採不採納由你決定。諮詢顧問不該銷售產品，實務上卻有不少例外。諮詢顧問最推薦的方案，若剛好是自家產品，你就得思索看看，其中是否有利益衝突。

換成是顧問，要賺取收入，得為客戶的投資組合提供建議，有些還要負起受託責任。顧問有責追蹤投資狀況，並提供後續建議。唯有承擔受託責任的專家，才得持續追蹤建議方案成效。許多顧問有法律義務，以客戶最佳利益行事，替客戶裁量處理，代表客戶做出日常決策。他們要比客戶還清楚，怎麼做更符合客戶的最佳利益。這種客戶關係又大不同了。

因此，如果你想自己做決定，只是想參考更多資訊，大可不必找顧問。名片上自命**顧問**之人不計其數，要找到切合需求的專家，彷彿大海撈針。若只是想較為全面規畫，找顧問也許就夠了。話說回來，賣產品、提供建議是兩回事，要兩者兼顧難上加難。反過來也一樣。投資計畫要貫徹下去，找值得信賴的人至關重要。當然，值得信任又符合需求的專家，仍舊找得到。對投資人來說，簡直像聖杯可遇不可求。

027 **法則 3**
知道你的合作夥伴是誰

027 法則 3
知道你的合作夥伴是誰

法則4 別老是想動，好好坐著

保有耐性很苦澀，果實卻很甜美。

——法國啟蒙思想家盧梭

社會日新月異。為節省時間，琳瑯滿目的小工具應運而生，結果我們反而把時間都花在上面，自認有三頭六臂、能一心多用，引以為傲。人人老是忙個不停，一週工作六十小時，待辦清單一筆筆畫掉，藉以衡量自身價值。

可想而知，投資也一樣。投資人老是想調東調西，一旦表現不佳，便迫不及待換成較佳方案。很遺憾，普遍來說，我們這一行確實也助長這種心態。投資專家多半以佣金計酬，除非你調整投資組合，否則不會有收入。維持不變，他們便無利可圖。因此，他們會想方設法勸你做些調整。金融媒體若天天報導「喔，實在看不出今天你有什麼好做的！」恐怕就要流失觀眾了。

還記得多年前，全國廣播公司每逢週一，會邀一名股票分析師上節目報明牌，週五再邀他上來，講評明牌表現如何。校園則有股市模擬遊戲，讓全班學生在幾個月期間，用虛擬資金「玩」股市。玩股市有趣歸有趣，真槍實彈進場時，抱著「玩」的心態可就大事不妙了。

投資人看到帳面虧損時，會本能想要設法補救，加上這一行又推崇變動，很容易變得一發不可收拾。賣出虧損部位、買進強勢股，當下固然開心，但可別忽略了，投資界講求「均值回歸」。今日輸家變成明日贏家，今日贏家淪為明日輸家，可是司空見慣的事。

好的投資，與其追求一時開心，更講求堅持做對的事。高爾夫球名將本・霍根，曾談到如何握桿：「如果感覺對了，很可能就會出差錯。」投資也是同樣道理。

投資組合若頻繁變動，手續費會隨之增加，進而侵蝕獲利。再加上，看到有熱門股，人人爭相追高買進，一旦出現壞消息、股價下跌，便急於脫手，這種投資計畫可是代價高昂：慣性買高賣低，而非買低賣高。

要靠投資賺錢，方法不勝枚舉。依我經驗，最穩紮穩打的成功之道，就是打造一套能夠信賴的策略，並且長期堅持下去。最大挑戰是，你要信任這套方法、信賴你的夥伴，成效得放長遠來看。放寬心，今日表現如何不打緊，等到需要用錢時，績效好壞，才真要緊。

031 法則 4
別老是想動，好好坐著

法則 5 利息是武器

原子爆破器是很強的武器，但它可以指向敵方也可以指向我方。

——科幻小說《基地》虛構人物塞佛．哈定

有信用卡的人，都知道利息是什麼。要支付這筆費用，才能向銀行借錢購物。買過定存單的人，也懂什麼是利息。某人付你一筆錢，以有權將資金貸給他人，再向後者收取更高利息。如此循環反覆。

利息能造就百萬富翁，也能造就窮人。對財務生活來說，利息可以是一把雙面刃，端看你怎麼用。武器本身無分好壞。槍可用來闖空門，也可阻止他人闖空門。槍還是槍，只差在怎麼用。利息也是如此。

假設你用信用卡購買商品與服務，共刷了五百美元；你想要這些東西，但錢不夠，無法一次付清。信用卡公司向你收取百分之十的利息。這個月，你只繳得出一百美元卡費，於是付了五十美元利息、還五十美元欠款。下個月，你又買其他東西，也選擇賒帳。如今，你共借九百五十美元，利息同樣百分之十。九十五美元還利息，只有五美元還欠款。不難想見，這種理財方式很快就會失控。

利息的另一面，比如投資報酬，可以讓錢為你工作。倘若投資一萬美元，投資報酬率為百分之七，年底會賺進七百美元。投資本金加上投資報酬共一萬零七百美元，隔年投資報酬率若維持不變，收益為百分之七，你會賺進七百四十九美元。如此循環不已。

這就是複利的魔力，報酬、損失皆然。往壞的一面發展，利率固定，欠得愈多，情況愈糟。往充滿光明希望的一面發展，結果恰恰相反。賺得愈多……報酬也愈多。

我們多半認識一種人，被利息複利效應壓得喘不過氣，處境每況愈下，以至繳不出帳單，最終不得不申請破產。這並不罕見。要是罕見，電視上就不會有如此多破產廣告了。事後回想，問題癥結一目了然。

「早知道就不買那台平面電視了。」

「我其實根本不需要這麼好的車。」

「早知道去年就不去夏威夷了。」

一切都是日積月累，利息也是如此。

要是能扭轉局面該有多好？要是能把利息變成報酬該有多棒？

早知道，當初就該提議：「我們今年別去夏威夷，改去便宜一點的地方，省下五百美元給小孩存大學學費。」

或說：「電視就繼續用，五百美元省下來存退休金。」

一旦這麼做，這筆資金的報酬就會開始複利成長，幫你賺錢，而非替你賠錢。起初也許只是小數目，時間一久，將會為你的財務生活帶來重大改變。就從今天開始吧，讓複利發揮奇蹟，幫你賺錢，而非替你賠錢。

035 法則 5
利息是武器

法則 6 投資很難

累積經驗，需要很多時間。

——哈迪里德有限公司總裁約翰・哈迪

坊間有成百上千的廣告，宣稱投資有多簡單，讓人誤以為，投資不必多少錢，易如反掌。在我來看，事實恰好相反。

首先，要精通一件事，本來就很難。還記得當年，父親為了教我打領帶，花了整個週日下午，一連數小時陪我練習，總算打出一個能看的溫莎結。又經過很長一段時間，才稍微抓到要領。不知又過多久，才幾乎做到零失手。多年後，我甚至能在車上，不必照鏡子，就能信心滿滿打出像樣的結。這還只是一種領結！世上領帶打法五花八門，我只擅長其中一種。我不是靠打領帶出名的。只想在穿西裝打領帶時，盡量體面一點。

幾年前一項研究提到，不論任何領域，要成為專家，大約要投入一萬小時。職業網球選手打進溫布頓前，肯定也投入相當時間。每週打三天網球，每次幾小時，即使長期下來練就一手好球，光憑這樣就想擊敗這些選手，簡直是癡人說夢。

不妨想想看：為下半輩子打造財務幸福，你得要多厲害，才能十拿九穩做好決策？孩子大學學費你可負擔得起？退休是一回事，能否過得不虞匱乏？能否為家人留筆遺產？

這些問題非常重要。只靠建立網路帳戶、安裝交易軟體，每天抽出一小時思考人生下一大步怎麼走，就想一蹴可幾，在我來看似乎異想天開。

若每週花四十小時學習投資之道，總共要四年又九個半月，才能達一萬小時。每天兩小時，每週一連七天，大約要十五年，才能達到專家等級。

很多投資人認為，找對投資機會很難。我倒覺得這相對簡單。知道何時該賣出、何時該抱住、何時該加碼，才真正困難。投資要成功，涉及變數多不勝數，大多時候應該附上警告標語：「如果你是用自己的錢投資，做接下來的決策時，小心用錯大腦區塊。」許多案例足以證明，管理自身錢財時，很容易流於情緒化，而這和負責情緒決策、理性決策的大腦區塊偏偏不同。

這麼說好了。如果最終你決定要自行投資，那麼十之八九，你遇到的投資顧問恐怕不是這行專家，也許用錯了大腦區塊，導致決策不夠理性、差強人意。無論如何，以這種方式規畫財務未來，實在令人捏把冷汗。

投資很難，找對專家，能讓你事半功倍。

039 法則 6
投資很難

法則7 別把天才與牛市混為一談

太過傲慢，可能會毀掉一個人，得學會適時尋求他人支持與指引才行。

——英國探險家貝爾・格里爾斯

一九八五年八月十九日，是我踏入投資業的第一天。當時，道瓊工業平均指數是全球最受矚目的指數，現在依然如此。當時交易價格為一三二五點。後來已漲到三六七九九點，成長幅度相當大。一九八五年起，幾乎每年平均會有一次市場修正，跌幅至少百分之十；大約每四年會有一次熊市。儘管如此，道瓊指數仍持續上揚。若說散戶對指數上揚有什麼貢獻，其實相當微不足道，但投資人多半甘願耗費心神，力圖擊敗市場。

空頭市場時，聽大家聊起自身遭遇，頗有意思。記憶中，還沒聽過有人這麼說：「是我選錯股票。要是選對了，這種事就不會發生在我身上，還真是笨蛋。」反而聽到的都是：「這種事怎麼會發生在我身上？都是銀行害的！要是聯邦政府有在做事，這一切就不會發生了！」千錯萬錯都是別人的錯。

多頭市場占比高達百分之七十，這些時候，大家的論調簡直天壤之別。沒人會說：「你瞧這市場對我幹了什麼好事！」全都話鋒一轉：「瞧我去年賺了多少！瞧我投資績效多好！瞧我多聰明！」

人的本性，就是為好事邀功，壞事歸咎別人；若信以為真，可是相當危險。初入職場，父親耳提面命：客戶虧損時，過錯在我；客戶賺錢時，「功勞」在他。父親說得果然沒錯。入行將近四十年，這確實是投資業的寫照。

這一切都無傷大雅，只怕你弄假成真，自詡為投資天才，妄下投資決策。世上實至名歸的金融天才，可說少之又少。過去一百年間，我心目中的天才，屈指可數。會投資的天才大有人在，跟投資天才畢竟是兩碼子事。冠上天才光環的人，多半只是剛好走運。總有一天會氣數用盡。

〈箴言〉第十六章十八節所言，我深信不疑：「驕傲在敗壞以先。」人生職涯裡，每當我自以為是、洋洋得意，最終都會發現自己錯得離譜。現在的我，已能坦然接受，自己沒有投資界的靈丹妙藥。只能依據實證資料、歷史數據，來判斷最佳投資方法是什麼。不過，我並沒完全放棄直覺。晚餐點菜可用。

043 **法則 7**
別把天才與牛市混為一談

043 **法則 7**
別把天才與牛市混為一談

法則 8 投資什麼，勝過如何投資

不播下種子，翻土再勤快，都無濟於事。

——史考特·里德

在我們這一行，要投入許多時間說話、撰稿、辯論，以蹦出前所未有的投資點子。這是我們的本業，客戶對投資專家也抱此期待。我時不時寫些投資業祕辛、內行人才知道的事，希望能幫助你達成目標。這麼做，不外乎希望你相信，我們就是你渴求的答案，我們能改變你的生活。

說到底，要改變財務生活，得由你自己做主。什麼是當下不可或缺、什麼該未雨綢繆，得由你決定。用六十吋平板電視看超級盃，是否比存大學學費來得重要，我無法告訴你。當你在百思買、沃爾瑪賣場，盯著一排排電視，幻想高畫質收看溫布頓網球賽、小黃球掠過眼前，我不可能在場。可這些正是關鍵所在。日常當中林林總總的決策，都會影響大學學費、退休金、女兒婚禮費用能否存夠。沒錯，現代人開始替小孩存結婚基金了。

我可以替你打造計畫，長遠下來能改善財務生活，但投資收益多寡，與投入多少資金息息相關。若說你的投資組合，一年報酬率達百分之十，我認為成果相當豐碩。如果當初投資一千美元，你就賺一百美元。投資一萬美元，即能賺一千美元。投資十萬美元，就賺進一萬美元。三種投資組合報酬率相同，實際可花的錢卻相差甚遠。

重點是，我可以替你妥善規畫，但你若無法始終如一，目標依舊遙不可及。重點不在賺錢，而在能否達成目標。

若說投資年均報酬率僅百分之二，而大學學費、退休金、度假資金等已準備充足，這樣的投資人生也是十分成功的。反之，即便一輩子年均報酬率達百分之十二，最終卻未能實現所有目標，也仍是枉然。財務計畫成功與否，最終取決於你能否全心投入，而非我規畫多用心。

別誤會我的意思。我並不是說，你不必投資。還記得〈馬太福音〉中有關才幹的比喻嗎？我可不建議你把錢藏在石頭底下。一份周全的投資計畫，對實現目標影響深遠，但這畢竟是場團隊運動。為達成目標，你需要我助你一臂之力，我更需要你助我一臂之力，這點無庸置疑。就像湯姆·克魯斯在電影《征服情海》說的：「幫我才能幫你！」

047 法則 8
投資什麼，勝過如何投資

法則9 找到舒適圈，好好待著

順勢而為好處多多。舒適圈不會讓你迷失自我，而是讓你找回自我。

——美國作家梅根・達姆

要打造適合你的投資計畫，必須考慮到風險承受度。顧問經常對投資人大談特談：風險愈大，報酬愈高。財經媒體專家話術連篇，宣稱只要短短幾週，就能讓你的資金翻倍，預測某明牌目標價格有望翻三倍，誘使你上鉤。不騙你，這種投資確實存在，可我也得明說，通常只限紙上談兵。我可以列出一百種假設情境來說明，你確實有機會大賺特賺，前提是，你得願承擔風險。

舉例來說，我們都知道，長期來看，新興市場股票會勝過小型股，小型股會勝過大型股。問題在於，要從這些投資獲得報酬，你得按兵不動，讓其自行運作。只不過，這種策略知易行難。投資人總是會手癢，想要以靜制動比登天還難。投資人會變得貪婪、恐懼萬分，對投資組合做出糟糕決定，頻率高得驚人。

若投資標的波動大，逼你走出舒適圈，會帶來很多問題。說到底，如果你是自行掌控投資，必須克服市場誘惑，以免在錯的時機做出錯的決策。股票下跌時，大家通常忍不住檢視投資組合，眼看帳面虧損好多，憂心重重，急於止損，而不會去想，持有的股票變得多便宜，恰是逢低加碼的好時機。

同樣折磨人的是，投資標的上漲時，投資人明明該實現獲利，以降低風險。投資標的正在上漲，誰會甘願賣掉？貪婪開始作祟，投資人往往選擇抱住，直到價格回落。接下來，大家往往會繼續抱住，直到回到先前高點。通常很難。一般只能眼睜睜看著價格一路走跌。這種情況在投資界不斷上演。我認識的每位專家，都曾有客戶因而自討苦吃。

要實現假設情境的高報酬，我所知唯一的辦法，就是要承受投資組合風險，避免做出自找麻煩的決策。追求高報酬前，好好想想，若代價令你難以承受，恐怕就不適合你。能承受風險的，方才合適。就我所知，長期報酬要最大化，方法沒有別的：找到舒適圈，好好待著。

051 **法則 9**
找到舒適圈，好好待著

051 **法則 9**
找到舒適圈，好好待著

法則10 創造財富與維持財富是兩回事

改變的第一步是覺察。第二步是接受。

——加裔美籍心理治療師納撒尼爾·布蘭登

投資人泰半認為，投資只是為了賺錢。這種想法不盡然正確。投資真正目的，是要改善生活、達成目標、減少後顧之憂。合作過的投資人，多半也是抱此態度，認為賺錢的用意，是要實現目標、改善生活、減少後顧之憂。不過，我也發現，這種觀點未必正確。

投資計畫成功與否，遠遠不止於賺多少錢。了解自己的投資週期，對長期成功極為重要。投資過程可分為二大階段：財富創造階段、財富維持階段。要大幅提升長期成功率，必須釐清何時是你的轉換期。對某些人來說，轉變可以很快；對其他人而言，可能需要花些時間。大多數人是隨著年齡增長，漸漸過渡到下一階段。

我們會逐漸意識到，保護資產、累積資產同等重要。一旦發生意外、受傷等狀況，被迫離開職場，改變來得猝不及防。這也是為什麼，好好與投資專家溝通非常重要。他們能協助你覺察重大轉變、適時調整策略。

創造財富與維持財富的心態，可謂截然不同。投資生涯若正值財富創造階段，必須冒些風險、有能力克服風險，像我這種嬰兒潮世代多半已過此階段。比起二十五歲虧損一萬美元的百分之三十，五十五歲虧損二十萬美元的百分之三十，會讓人更難以承受。儘管兩者虧損率相同，在財富維持階段，恢復期恐怕會讓人陷入困境。

二十五歲時，你還可靠兼差來補足虧損。五十五歲時虧損六萬美元，退休計畫及時程可能就得重新評估。有些投資人在投資生涯早期，敢於承擔風險並成功獲利，對風險變得麻木，這樣的情況問題最為嚴重。一旦習慣成自然，往往會故技重施，如同引火自焚。改變行事作風不容易，尤其那些方法曾行之有效；若是如此，調整投資方式更是刻不容緩。敢於冒險，終將讓你付出代價。

體認到自己勢必（而非可能）會經歷一段低潮，這點非常重要。調整投資組合，度過低潮期，不讓投資計畫付之一炬，才是明智之舉。我並不是說，目標即將達成時，就該把錢藏在床墊下，而是適度控制風險至關重要。資金翻倍若不會改變你的生活方式，腰斬卻會帶來極大衝擊，又何必去冒此風險？留意自己身處何種投資階段，採取該有的策略，方為上策。

055 法則 10
創造財富與維持財富是兩回事

法則 11 打好眼前之戰，別為過去而戰

輸家活在過去。贏家從過去學習，享受當下努力，放眼未來。

——美國激勵演說家丹尼斯・魏特利

我認識的投資人，內心幾乎都有一種瘋狂想法，那就是「錨定」。錨定是指，投資人不願放下過去，並過度詮釋可能毫無意義的事件；接著，又依據多半毫無意義的事件，去做未來的決策。換句話說，他們拋下了錨，為情緒錨點所困，拒絕客觀決策，導致財務之船停滯不前。

舉個例子，某人以每股二十五美元買進一檔股票，盼能漲到每股三十五美元。由

於鎖定三十五美元，股價漲到三十三美元時，他沒有賣。後來股價回落到三十美元，更不願賣掉；既然一度漲到三十三美元，至少要回升到三十三美元才行。如今，他的錨點是三十三美元。

股價跌至二十八美元，這下他說：「曾經漲到三十三美元，二十多美元我才不賣。就算保住面子也好，至少要漲回三十美元我才賣。」如今，新錨點是三十美元。股價又跌到二十四美元，他說：「我絕不會虧本賣出。不管要多久，我都要賺回來。」現在，他的新錨點是二十六美元。

從談話內容可知，他並沒打算釐清該股現況，不曾問股價為何下跌，或者說，股價當初為何漲到三十三美元。從頭到尾，他只在意股價本身。

這種情境聽來也許可笑，卻在世界各地投資人身上不斷上演。客觀決策始終受人性牽制，本來無關緊要的事物，卻變成決策時優先考量的要素。投資界裡，錨定現象最明顯的股票，或許當屬傳家股。

傳家股是指，非基於當前投資計畫而持有的股票。可能是父母、祖父母所贈予；

可能是人生首次入手的股票；也可能是任職公司所發行的股票。對投資人來說，傳家股可是一大問題。不曾打算賣掉，甚至持續加倉，導致它在投資組合中比重過高。與客戶對談時，我曾建議賣掉相當比例的傳家股，讓投資組合的風險級別回到合理範圍，客戶總是拒絕。我於是問：「如果現在有一筆現金可投資，你會買這麼多同檔股票嗎？」客戶回答幾乎千篇一律：「當然不！」那好，如果不打算買，為什麼死守不賣？

錨定是人性所致，才格外棘手。投資要成功，決策時經常得違背本性。別被錨定給拋錨。抱歉，忍不住雙關一下。

059 法則 11
打好眼前之戰，別為過去而戰

法則12 對抗雜音

眾聲愈喧譁，能信任的聲音愈少。

——網路活動家伊萊．帕理澤

金融界雜音無所不在。舉凡全國廣播公司、彭博，乃至於《華爾街日報》、《財富》、《富比士》、《金錢》等雜誌五花八門，無人不知，無人不曉，都有千言萬語要告訴你。媒體上充斥聰明人，爭相談論重要事件。聰明絕頂的人各持己見，這種情況還真不少見。意見分歧下，讓人無所適從。最令人沮喪的是，大部分讀到的財經新聞，都試圖說服我，報導內容對我有切身關係，忽視不得。這些媒體又不認識我，憑什麼篤定我要關注其報導？

還記得幾年前，有位投資人來電尋求建議。他堅信股市即將下跌，打算清倉所有持股。我請他帶投資報表來，好深入聊聊，釐清擔憂。看完報表，赫然發現他根本沒持有任何股票，全都投資債券。原來，他經常收聽新聞，情勢似乎相當慘烈，即使自己根本沒涉足股市，也跟著七上八下，心焦如焚。這就像，因近期豬肉市場恐慌，而拒吃玉米。兩者都是商品沒錯，此外沒任何關聯。

回想一九八〇年代，投資界仍相當封閉，印象中，金融新聞偏重實質報導，少有娛樂內容。如今，拜退休金計畫之賜，上班族皆有機會參與金融市場，幾乎人人都已置身其中。參與機會提高，關注度也隨之提高，各大媒體為博取關注，競爭日益激烈。競爭白熱化下，披著新聞外衣的金融娛樂報導大量產製，猶如白噪音，無孔不入，阻礙你做出明智財務決策。

瑪麗亞．莎拉波娃是史上偉大的網球選手。完成生涯大滿貫，贏得五次大滿貫冠軍。過去十年間，蟬聯全球前十大網球選手，甚至曾名列第一。她有個習慣，每回合之間，會背對球場，給自己片刻時間，重新聚焦於首要之務。她曾說，人很容易分心，忘了當務之急，導致比賽節奏及走向受人牽制。

因此，務必對至關重要的事保持專注。你不可能樣樣精通。就算每件事都很重要，不見得對你同等重要。釐清個人要務，聚精會神，全力以赴，對四面八方的雜音充耳不聞，才能避免偏離目標。

063 **法則 12**
對抗雜音

法則 13 人人都是事業主

規畫周全，成功如水到渠成；缺乏規畫，失敗則在所難免。

——英國成功學專家羅賓・西格

這是許多美國人的畢生夢想。我們天生相信美國夢，自認該擁有一番事業。許多人太晚意識到，其實人人都是事業主。照顧好自己，就是每個人的事業。這也是為什麼，儲蓄很重要。

人生如創業，白手起家，資金極其有限。胼手胝足的時期，借貸度日，舉步維艱，所幸責任還不重，跌倒再爬起來就好。一旦成家，一切就複雜多了。錢得花在添購新衣、食物，支出難以計數。即便如此，還是得儲蓄，畢竟我們知道，不投資自家公司，公司就養不活一家人。也知道，隨著開銷增加，必須爭取加薪，以免入不敷出。也清楚知道，投入資金愈多，公司成長愈快。

我們莫不期望，自家公司終將壯大，有朝一日成為公司唯一的全職員工，足以養活自己和一家大小。如果你還沒弄明白，這麼說好了，退休之後，我將成為史考特．里德家族有限公司的全職員工。退休後，我得靠這輩子的儲蓄和投資，來支付人生下半場的薪水。許多聊過的人都說，退休金是可花用的錢，我倒不這麼想。我認為，退休金是史考特．里德家族有限公司的資產。

資產一旦耗盡，公司就會倒閉。公司要繁榮下去，讓我安享晚年，每年只能動用少部分資金，來支付我的薪水。倘若薪水只需提取一小部分資產，比如百分之四，那麼公司預期會持續成長。如果用資產買一棟湖邊別墅、一輛保時捷，一切都泡湯了。我離開後，公司若仍強大，就能與孩子的公司合併，助其更為茁壯。

你也許認為，拿投資玩文字遊戲很愚蠢，但我發現，大家若把錢視為自己所有，決策時經常失準。財務計畫再好，也敵不過貪婪恐懼。不把儲蓄、投資視為己有，當成一門事業來經營，愈有可能替未來的自己做出明智決策。

統計數據顯示，大部分公司在創業前五年會倒閉。創業本就不易。犯錯有時，成功有時。關鍵在於，勇往直前，開始建立自己一番事業。愈早起步，事業愈可能茁壯到目標規模，而你也將成為唯一全職員工。

067 法則 13
人人都是事業主

法則 14 好好生活

大多數人都沒意識到，一旦全心全意投入在人生某個領域，就能立即激發巨大潛能。

——美國潛能開發專家東尼・羅賓斯

投入大量時間管理投資，這樣的投資人我見多了。從建立投資組合、個股研究到交易操作，投資流程每個環節，樣樣親力親為。其實相當不易，若指望靠這筆錢改善退休生活、支付兒女大學學費，更是一大挑戰。出差錯就麻煩了。

法則六提到，要成為某領域專家，大約需要一萬小時。有全職工作的上班族，要騰出足夠時間來研究投資流程，進而成為專家，還要有餘裕來過好人生、享受投資成果，實在難以想像。樣樣通，樣樣鬆。若只是拿一部分財產，隨心所欲去投資，那還無所謂，最怕是動用到「核心」資產。投資之難，就在於既可當成趣味遊戲，也可嚴肅看待。萬萬別混淆了。

職涯早期，我花許多時間為客戶研究選股。轉行做諮詢顧問後，才發現，要對整體投資組合提供專業諮詢，選股又要精準，根本分身乏術。必須有所取捨，才捨棄了選股這一項。我自認仍很在行，但不管你多聰明，投入時間不夠，便難以成功。

不久前，情同摯友的堂親羅伯特撒手人寰。雖非完全出乎意料，五十九歲離開人世，總是出乎意料。每有親友辭世，我便會回顧其一生，想想自己學到些什麼。我曾對羅伯特相當無奈，總期許他更有衝勁。他天資聰穎，無所不能，唯獨天生淡泊名利。有個親戚說，羅伯特情願享受生活，也希望人人都享受生活。對羅伯特來說，人際關係尤其重要。女兒都崇拜他。比起我，他應該更喜歡我妻子。交友滿天下。我們常常嘴上說，人際關係是生命中最重要的事。多數人是說一套，做一套。光說不練，可是行不通的。我意識到，打從小時候，建立人際關係方面，羅伯特一直是最佳榜樣，是我獨自摸索不來的。

研究顯示，長遠來看，散戶多半績效不佳。工作攸關生存，人際關係是幸福不二法門，若必須在工作、人際關係、自主管理投資之間有所取捨，那就選擇前面兩者吧。投資交給專家，好好生活吧！

071 **法則 14**
好好生活

法則 15 別追熱門股

認清自己的真實渴望，就不會再追逐蝴蝶，轉而埋頭挖掘黃金。

——美國心理學家暨漫畫家威廉．莫爾頓．馬斯頓

有天晚上，女兒進書房告訴我，她買了一雙鞋，替我省下七成的錢。女兒興奮極了。我很想打斷她，告訴她其實不需要這雙鞋，所以並沒幫我省錢，反而多花三成的錢。不過，那又是另一個話題了。重點是，女兒才十幾歲，就學會精打細算，懂得以合理價買進優質商品。三不五時，還能以極低價位買到優質商品，確實令人興奮。

投資界反其道而行。股票價格愈高，愈多人搶著買。許多投資人樂意高價買進，

就怕錯過機會、落於人後。眼看其他投資人靠某股大賺一筆，也想躬逢其盛。問題在於，發現熱門股時，獲利早被瓜分走了。

此現象即「追熱門股」。熱潮來臨，便渴望跟風，殊不知，該追的是看漲標的，兩者迥然不同。冷門潛力股不易找，跟風追漲卻易如反掌。興致勃勃買進乏人問津的公司股票，跟持有市場上炙手可熱的股票，聊起後者勢必有趣得多。

投資計畫再十全十美，也免不了受情緒影響。達爾巴集團每年會公布研究報告，比較散戶和機構投資人的績效。過去二十多年來，我持續關注其報告，發現散戶績效遠遠不如機構投資人。散戶績效欠佳主因在於，投資過程易受情緒干擾，機構則通常不會。投資時，比起用自己的錢，用他人的錢更容易保持理性（參見法則二）。

要在投資界找到划算標的，用我女兒那套購物心法就對了，才十幾歲就懂得尋找優惠。她們知道，一件東西若討論度正高，價格通常在最高點。她們還知道，只要盯緊目標，需求遲早會減弱，價格隨之下跌。她們會設定理想價，等價格降到預期才買進；若對某樣東西心心念念，巴不得大家盡早轉移話題。

需求增加，價格就漲。換作是她們，就不會追逐熱門股，而會追逐無人過問的冷門股。或許，你也該如此。

075 法則 15
別追熱門股

法則 16 現在就開始

既然都要做，現在就去做。

——佛羅里達大學前體育主任傑瑞米．佛利

前幾天晚上，和兩個侄子聊天，都年輕已婚，考慮是否要生。其中一位尤其慎重考慮。他已有一對雙胞胎女兒，約四個月大。侄子問我，當年何時開始替孩子儲蓄。我告訴他們，大女兒還未呱呱墜地，我就打算為她開戶，結果發現不合法。生命究竟從何時開始算，多年來議論紛紛，但我可以告訴你，美國國稅局對此清楚得很：如果你想減稅，孩子要出生後，生命才算開始。

投資界有句老生常談：「在市場待多久，比進場時機重要。」許多人告訴我，想等更有錢再開始投資。逃避很容易，等來等去，似乎總等不到開始的那一天。投資多少會有點痛。你得放棄即時享樂，才能換取未來更大享樂。長時間的複利報酬，是最大關鍵。在我來看，複利報酬是世上偉大至極的奇蹟，僅次於金字塔。

以具體數字來舉例。侄子若從現在起，就幫雙胞胎女兒開設投資帳戶，每月各存兩百美元，假設每年投資報酬率為百分之八，等她們二十二歲大學畢業，每人帳戶會有十三萬九千美元。如果等十二歲才開始存，每月存入相同金額，屆時帳戶只能累積到三萬六千美元。差距十分顯見。

再來談談這與退休有何關係。認識的人當中，很少有人早在二十多歲，就興致勃勃存退休金。年紀輕輕，退休還早得很，眼前只想聽演唱會、上山下海……盡是跟退休金八竿子打不著的事。因此，你務必知道，一再拖延退休投資計畫，代價極大。

假設從三十五歲起，每年存兩千美元退休金，年化報酬率為百分之八，到六十五歲時，退休帳戶將價值二十四萬三千美元。如果願意提前在二十五歲開始投資，市值將暴增為五十五萬六千美元。還不僅如此，每年存兩千美元之外，若任職的公司會提撥相應金額，那麼到六十五歲時，你有可能成為百萬富翁。

對於投資，你或許感到五味雜陳。也許覺得時機未到。也許覺得以後再說不遲。也許覺得未來變數很多。數學就是數學，數字不會說謊。若你仍猶豫不決，我建議明智之舉是：現在就開始投資。

079 **法則 16**
現在就開始

法則 17 流程要由上而下

我畫畫都是由上往下。從天空開始，接著是山脈、丘陵，再來是房子、牛，最後才畫人。

——美國畫家摩西奶奶

和我聊過的投資人，多半熱衷尋找下一個絕佳投資機會。不厭其煩搜尋網路，收看全國廣播公司、彭博、股票投資家柯藍默的節目，盼能找到下一個標的，加進投資組合。為尋找下個投資機會，有些人不惜每天花上數小時。

有趣的是，投資人往往花費大量心力在選擇標的，卻忽略投資流程中更關鍵的步驟。獲致長期成功有許多要件，以優先順序來看，挑選投資標的可放第二頁上方，屬於投資計畫最後幾步驟。

依我看，首先第一步，你得決定要單打獨鬥，還是尋求幫助。對此，我寫過不少文章。答案沒有對錯，若選擇單打獨鬥，就必須願意投入時間精力。如果想尋求幫助，就得釐清自己需要何種協助。是想找人灌輸各種投資點子，購買產品讓他賺佣金？還是找人來負責幫助你實踐計畫？你需要對方負起法律義務，維護你的最佳利益？這是重大決定，沒有想像中簡單。

第二步，是制定投資政策聲明。人人都需要一份路線圖。打算如何投資自己的錢，白紙黑字寫下來。不必個別列出投資標的，只需說明打算投資什麼、不投資什麼。舉例來說，若不想投資黃金，投資政策就要把黃金排除在外。這麼一來，以後看到買黃金發大財的廣告，就可以轉台了；你知道，若要投資黃金，就得先修改投資政策聲明。藉此方法，能有效避免跟著情緒走，導致決策失誤。

第三步，是建立投資模型。到此階段，仍不須考慮打算入手哪些投資標的。你要依照投資政策聲明，打造一套全面的決策模型，針對股票、債券、另類投資等，決定分別要投資多少。這步驟一旦完成，便能清楚知道，理想投資模型長什麼模樣。

最後，既然投資模型已成形，便可據以選擇投資標的，配置資金。逐一檢視各資產類別，決定資金如何分配，以達最佳效益。此步驟最棒的，就是能幫助你保持紀律。

倘若投資模型顯示，小型成長股只能投資百分之八，而你的投資比例已達上限，看到柯藍默推薦小型成長股，你便能無動於衷。如此一來，就能專注於至關重要的事，不必像眾多投資人那樣，在投資界無所適從、隨波逐流。

投資流程最後一步驟，是建立一套投資監控策略。你打算如何評估投資績效？多久評估一次？制定計畫，可避免偏離目標。接著照洗髮精標示做就對了：沖洗乾淨、重複一次。

083 **法則 17**
流程要由上而下

法則 18 成本永遠很重要

天下沒免費的東西吧？人家總有辦法讓你掏錢。

——幽默小說《貝蒂戴維斯俱樂部》作者珍・洛特爾

我真想不透，投資背後的成本，何以這麼多投資人選擇忽略。也許是發財夢讓人熱血沸騰、無法自拔，以至於認為，琢磨成本合理與否太耗費心神，何必呢。報酬夠多的話，誰在乎要付出多少成本？另一方面，將投資成本隱藏於投資工具，向來是金融服務業的專長。有時，要找出投資的真實成本十分不易。無論如何，不容忽視的是，成本不只重要，是極為重要。

成本重要到連美國勞工部都開始要求，退休金計畫每年在揭露聲明書中，都要載明成本有多少。對計畫受託人來說，釐清實際支出變得容易多了。勞工部發現，過去有許多退休金計畫成本過高，主因便在於，受託人根本不曉得自己付了多少費用，更無從與其他計畫比較。

若你不相信，看數字便一目了然。舉例來說，有個投資組合價值九萬美元，未來三十年的年化報酬率為百分之六。假設成本為百分之一，接下來我將逐步降低成本。如果成本從百分之一降至百分之〇．七五，三十年後將多出三萬美元。若降到百分之〇．五，你會多出六萬四千美元。再壓低到百分之〇．二五的話，帳戶將多九萬美元。只因不願花點時間，查明究竟支出多少費用，以致一大筆錢白白浪費。有人替你把關固然好，也不能因此掉以輕心。

我們這一行的投資專家，絕大多數不願替客戶擔任受託人。儘管國會一度推動立法，要求非受託人承擔更多責任，也就是「最佳利益」原則，仍不及受託人標準。你仍得提高警覺，別以為有人替你把關就夠了。不論是否有簽約的受託人，抑或自己扛起全責、自行了解產品及其成本，結果仍得自己承擔。

高成本不見得總是壞事。某些情況下，為投資付出較高費用是值得的。職業若訴訟風險高，比如從事醫師這一行，變動年金這類所費不貲的投資，或能在訴訟中受到保護，貴有貴的道理。

投資組合若分散到另類領域，例如避險基金，可能就得支付較多費用。知道何時該多付錢，以做出明智決策，可謂十分重要。長遠來看，會有大大不同，而投資組合表現就是最佳見證。

087 法則 18
成本永遠很重要

087 法則 18
成本永遠很重要

法則 19 本來就會變

均值回歸是金融市場的鐵則。

——指數型基金教父約翰．柏格

關於投資，有句話我幾乎天天不離口：「這一行講究均值回歸。」二〇〇八年股市崩盤，哀鴻遍野，這句老話尤其如一記當頭棒喝。我意識到，市場終將反映其真實價值，與日常報酬反映的情緒價值是不同的。也清楚記得，經濟大衰退接下來幾年，市場逐步上漲期間，免不了幾度下跌。

依我的經驗，投資人對當前發生的事，往往會擅自推斷，導致一切變得不合邏輯。猶記得二〇〇八年底，有位投資人告訴我，他擔心道瓊工業平均指數會歸零。好吧，道瓊指數並非從零開始。價值始終存在，即便我們看重的企業，如今只剩辦公桌和影印機，也仍舊有其價值。

世界通訊公司創始人伯納德．埃伯斯的例子，恰形成鮮明反差。當時，該公司正值快速成長期，我問他預測公司未來十年會成長多少。他正色看著我，說道，公司會照一直以來的成長預測發展下去。照此速度，世界通訊頂多再過五年，就會躍升為全球最大公司。這是不可能的任務。

有時，大家就是會忘記算數學。看看股票長期表現就知道了。長遠來看，股票年化報酬率約為百分之十。長期數據無關情緒、有憑有據，更能如實反映市場經濟狀況。若回顧過去一百年股市，應沒有一年平均報酬率恰為百分之十。有些年偏低，有些年偏高。也就是說，如果目前股市表現低於百分之十，便可預期到某個時間點，平均報酬率會超過百分之十。

同樣道理，股市表現若超乎預期，總有一天會回到長期平均水準。奢望市場評估方法出現根本轉變，可是相當危險的念頭。全球投資之父約翰．坦伯頓爵士，想必也會認同。他有句名言：「投資有四個字最危險：『這次不同。』」

回歸現象在市場上不斷發生。令人匪夷所思的是，據我觀察，投資人往往認為上漲是理所當然，下跌是不可理喻。若大家都能理解這一點，會大有助益：均值回歸是正常現象，市場也只是在盡本分，實在不必驚慌失措，也不必在投資上有任何重大改變。

船長啟航前往下一目的地，航向筆直。知道船隻不可能一路直行，會經常被風吹離航道，到時再調回原本的航道便可。就算北方颳起強風，也不會懷疑世界地圖已變。他對航向充滿自信。成功投資人多半也是如此。

091 **法則 19**
本來就會變

法則 20 信任，但要核實

相信傳統智慧之前，先用理性與實驗查證。

——錄音工程師史蒂夫．阿爾比尼

信任，但要核實。這是句古老的俄羅斯諺語，一九八六年，面對時任蘇聯總統戈巴契夫，總統雷根引用了這句諺語，來表達對蘇聯核裁軍的立場，從此在美國家喻戶曉。雷根當時表示，不是他對蘇聯缺乏信任，而是政策使然，無論消息來源多值得信任，都得先驗證一番。

多棒的政策。若說缺乏信任會帶來各種情緒因素，在這句話四兩撥千金之下，撇得一乾二淨，進而強調即使多麼信以為真，也要進一步核實。

這種政策在投資界，應該多多益善。許多投資人以為，只要眼前之人值得信任，便能高枕無憂。合作夥伴得對最終產品肩起責任，此看法才站得住腳。然而大多情況下，他只是在銷售公司打造或採用的產品。賣產品的人，對於購買產品所涉「安全風險」，通常不會善盡調查責任；他們相信，公司提供的投資說明已十分客觀充分。

史丹佛金融集團因欺騙客戶，遭美國法警局勒令查封。該集團為銷出更多產品，甚至不惜欺騙員工。其販售的國際定存單，支付利息高於市場上同類產品，佣金也遠高於其他定存單。經紀人多半信任公司，不會打破砂鍋問到底。客戶也普遍信任經紀人，只要收益高，答案含糊也沒關係。既然能賺取額外收入，經紀人和客戶在貪婪驅使下，往往忽略要仔細檢視。若有「信任，但要核實」政策，尚未釐清產品如何運作之前，就不會貿然下單。

高額報酬誘惑下，投資人常會落入投資陷阱。高報酬讓人欣喜若狂，甚至沖昏頭腦，過早放下戒心，盲目追求高報酬。了解一項投資如何運作，確認是對你有利，還是只對經紀人有利，這點非常重要。打破砂鍋問到底，不用覺得尷尬，更不必感到不好意思。失誤代價過高。無論你多信任經紀人，假使他解釋不出產品如何運作、收益從何而來，不妨稍安勿躁，總會有更好懂的產品上門。

投資前要知道的事，不可勝數。對稅金有何影響？報酬從何而來？對我的資金有何保障？最顯而易見的例子，就是坊間氾濫的衍生性金融商品，包裝成抵押債券，問題層出不窮。葫蘆裡賣什麼藥，沒人知道。就連創造商品的人，也說不出所以然來。

一旦產品出包，當初推銷產品的人，再怎麼深得信任，也無濟於事。要是當初落實「信任，但要核實」政策，就不可能買這種產品了，事後回想起來，你可是會慶幸萬分。投資前多發問，保障財務未來，永遠別感到難為情。這是你最起碼該做的。

095 **法則 20**
信任，但要核實

095 **法則 20**
信任，但要核實

法則 21
市場就是市場，就是市場

悲觀的人抱怨風向，樂觀的人期盼風向改變，務實的人調整船帆。

——美國勵志作家威廉・亞瑟・沃德

還記得一九八五年剛進投資業，前幾個月接受培訓，學到了這句信條。同組都是年輕氣盛的小夥子，自信滿滿，準備在投資界大顯身手。我們每天大部分時間，都埋首研讀最新股市消息，尋找競爭優勢，以在這極具挑戰的行業脫穎而出。

有一天在課堂上，眼睜睜看著股市下跌。我們原先都篤定股市會漲。連公司最優秀的分析師也看漲。我們這群自認聰明的人，全都堅信會漲。結果出乎意料，股市就這麼跌了。那天午餐過後，公司一位大人物走進來和我們談談。據聞，他對股市瞭如指掌，無所不知，肯定能一解迷津，分析股市究竟怎麼了、我們為何嚴重誤判。沒想到，他一番話簡直當頭棒喝，我畢生難忘。

他聳聳肩，說道：「市場就是市場，就是市場。」

我們滿臉疑惑看著他，終於有組員開口，說出大家心聲：「什麼？」

他輕笑一聲，說：「很簡單，市場就是市場，就是市場。你大可想破頭去理解，也可以讀遍所有財經新聞。但不管怎樣，價格都取決於集體情緒，由當天在市場進進出出的人決定。」

你會發現，股市的日常波動，其實與經濟本身關係不大；有些人日復一日，按內心恐懼與貪婪做投資決策，資金無時無刻不暴露於風險，而恐懼與貪婪，才是股市漲跌的主因。長遠來看，股市會趨於反映合理市場價值。

話雖如此，收盤價反映出來的，多半是市場被高估或低估。這也是為什麼，投資股市有個重要前提，市場價格短期內不合理時，你得有時間耐心等待。股市所反映的，並非當日發生了什麼事，而是事件引發何種集體反應。我向來認為，若要預測短期股市走勢，精神科醫師會比經濟學家說得準。

這條法則妙就妙在，一旦弄明白了，你就會意識到，投資市場很單純、講究效率，完全不在乎你有多聰明。一旦想通了，你就會逼自己培養長期思維，也唯有放長遠，才值得你用心研究、投注精力。

099 法則 21
市場就是市場，就是市場

法則 22 通膨可致命

通膨殘暴如強盜，駭人如持槍搶匪，致命如殺手。

——前美國總統雷根

到此都還沒提到通貨膨脹。通膨有無聲殺手之稱，會蠶食你的投資組合，直到購買力吞噬殆盡。許多投資人並不熱衷冒險，只是想賺錢，投資看似安全的標的。

多年來，有數百人帶著投資組合來找我，為保住資金安全，手頭上滿是定存單。若當初稍加思索，應該會選擇到期日各異的定存，也就是所謂「梯形投資組合」；譬如，投資人把資金分別投入一年期、三年期、五年期定存。

此策略背後邏輯在於，定存到期時，投資人可轉為較長期定存，以享有更高利率；定存一到期，便換成梯形末端較長期的定存，如此持續下去。這種計畫相當不錯，對有相關需求的投資人來說十分可行。問題在於，要懂得區分何者確實安全，何者只是貌似安全。

許多投資人相信，保護本金就能安全無虞。這理論乍看合理，一旦思索通膨對投資組合的長期影響，問題就有些複雜了。簡單來說，通膨是指商品成本上漲。通膨本身不會影響你的本金，但會影響你對商品與服務的購買力。錢本身一文不值，消費時，價值才能顯現。因此，一定金額能買進多少商品、服務，對財務成功至關重要。

不妨想像一下，如果商品及服務降價了百分之五十，可是你投資組合只少了百分之二十五，對你來說是好事；資金雖大幅縮水，購買力卻大幅增加。錢的價值，取決於能買到多少東西。

這也是為什麼，長期資金務必妥善保護，以免受通膨蠶食殆盡。在華頓商學院接受「註冊投資管理分析師®」資格認證培訓期間，我學到一點：短期來看，固定利率投資比股票安全；大約十年後，情勢逆轉，比起債券，股票會是較安全的投資。所謂較安全的投資是指，股票下行風險低於債券。

股票整體風險仍高，但多半是上升風險，客戶從上升風險實現獲利，從沒有半句怨言。比預期賺得更多，沒人會介意。單以年度來看，股票下行風險較高，儘管每年波動較大，長期而言更有機會賺錢，能抵銷通膨對投資組合的衝擊。通膨無情。利率高時，債券市場的保證報酬率看似誘人，卻會遭通膨侵蝕。

因此，務必釐清到底何謂安全，才能確保投資組合安全無虞。否則，你所承擔的風險，也許遠超過預期。

法則 23 錯過絕不可惜

事情符合期望時，大家往往容易輕信。

——凱撒大帝

初次踏進私募股權界，記憶猶新。當時任職的公司，投資銀行部門有一宗交易，聽來十分誘人。私募股權是投資界的一門領域，專門投資新成立或需要資金擴展的公司。這些公司並未在交易所買賣。你所投入的資金，通常長期動不了，也難以抽身。

由於流動性差，私募股權本身風險極高。也正因如此，故事也最引人入勝，上升潛力無窮。故事主題不外乎：

- 「這是史無前例的創舉！」
- 「我們發現一種方法，能讓同行都落伍！」
- 「還記得當年塑膠對全球經濟有多大影響吧？我們就是下一個塑膠！」

誰都忍不住幻想，若有機會一夕致富，那筆橫財要怎麼花。問題是，那些故事是別人的夢想。夢想不見得總能成真，無論聽起來多無懈可擊、你寄予了多少厚望。

曾有一筆交易我十分看好，結果差強人意，當時投資業的朋友，給了相當寶貴的建議。他比我資深約三十年。

他說：「史考特，你要記住，這些交易起初聽來都很棒。你眼前可能有十筆交易，剛開始看上去都同樣出色。依我經驗，其中四筆會慘賠，四筆能保本，兩筆能大賺。關鍵就在，那兩筆大賺的單，你有沒有買。如果一開始看不出哪兩筆會賺，你得十筆都買，才可能賺。」

言下之意是，從事高風險投資，確實可能大撈一筆，但在我們這行，要想大賺，就有可能大虧。想一次就押對寶，風險你可承擔不起。更精采的建議，還在後頭。

他說：「別被好故事給騙了。好故事天天都有。專注在你能控制的事情上就好。」

對我來說是：

- 分散投資：別因為聽起來不錯，就買了投資組合不需要的東西。
- 基本面：每筆交易總有特別之處，但特別不見得總是更好。基本面不會騙人。
- 成本：你可以控制成本，長期累積下來十分可觀，不容小覷。
- 個人財務：別因為聽來誘人，就購買負擔不起的東西。我知道，有些投資看似救贖，但既然能拉你一把，也可能拖你下水。

並不是說，永遠別為好故事買單。只是說，好故事天天都會有。若決定要投資，其他堡壘得好好守住。

107 **法則 23**
錯過絕不可惜

法則 24 應變、適應、克服

不適應就毀滅，是大自然一如既往、無可動搖的法則。

——英國小說家赫伯特．喬治．威爾斯

應變、適應、克服。這是美國海軍陸戰隊的不成文口號，隨著克林．伊斯威特自導自演的電影《魔鬼士官長》熱映而廣為人知。不言自明的事實，看來海軍陸戰隊比誰都清楚：事情經常出亂子。意外乃兵家常事。計畫再周延，被打亂別驚訝。事與願違時，別浪費太多時間抱怨。時間要花在尋找解決方案上。

制定退休計畫時，你大可預估未來三十年的年化報酬率為百分之八。也可計算要投入多少資金，才能實現計畫。實踐過程中，你盡可能穩紮穩打、步步為營。一旦危機爆發，規模好比二〇〇八年經濟大衰退，一切似乎都無關緊要了。你會發現，退休目標離你愈來愈遠。

舉個例子，為買下一棟湖濱別墅，你投資多年，沒想到家人出了意外，急需大筆醫藥費。計畫趕不上變化，世事難料。二〇一四年，龍捲風重創我的家園。投資目標一度穩步發展，如今不得不全力投入在重建家園。保險顧問正是我的妹夫，容我在此澄清一下，我的保險無懈可擊，只是財務重心仍免不了得調整。

事情出了岔子，這時你會怎麼做？我想，大部分人會花時間在怨天尤人、忿忿不平。可我發現，這只是浪費時間。並不是說我不抱怨，只是，埋怨確實沒什麼用。

應變。首先，檢視自己還有什麼選擇。我認識的人當中，多半只關注明擺在前的選項，而有所成就的，往往會跳出框架找答案。發揮創意，總有辦法化「新常態」為契機。

適應。面對生活中的變化，你必須適應。愈早開始從嶄新視角看世界，也就愈快找到解決方法，迎擊挑戰。

克服。找到戰勝之道。目標會變，計畫會變。你得接受新局面，才能出奇制勝。

九一一事件那天，紐約世貿中心倒塌，世界發生劇變。為邁步向前，我國只能隨機應變，搜救上尤其不遺餘力。慘劇前所未見。天有不測風雲，我們只能適應。很多方面需要改變，總得想辦法克服。我們不能任由災難擺布。務必讓世人看到，我們勇於應對、百折不撓。

那些年，我經常回到九一一現場，看著工人又掘又挖，把我們從深淵中解救出來。近來我又回到那，親睹世貿中心遺留的坑洞，如今改建為紀念碑和水池。慘不忍睹的災難過後，壯麗景象拔地而起，著實令人感觸良多，也在在提醒我們，如何應變、適應、克服。

本章特此向海軍陸戰隊致敬，感謝他們以身作則，樹立榜樣，啟迪世人如何過好人生。永遠忠誠。

法則 25 別為長期結果去冒短期風險

最大風險是拒絕冒險……在瞬息萬變的世界，只有一種策略注定失敗，那就是不肯冒險。

——臉書創辦人祖克柏

風險與報酬。投資人再耳熟能詳不過。風險與預期投資報酬息息相關，這點無庸置疑；風險到底是什麼，卻難以準確界定。投資界討論風險時，通常會提到標準差。標準差指投資的波動幅度。假設某項投資一年內上漲百分之五、下跌百分之五，年度標準差就是百分之十。若上漲百分之八、下跌百分之二，標準差依然是百分之十，但潛在成果似乎更令人滿意。根據標準差數據，可看出某投資波動幅度通常有多少，但不會顯示漲跌幅度各為多少。若上升風險大於下行風險，時間一長，上升風險對投資組合有較大影響，虧損機率也會降低。

我發現，投資人在設計投資組合時，常會把一項投資的標準差當作重要依據。這本身沒錯，但其他因素也得考慮進去，例如預期投資報酬，才能釐清標準差對長期結果有何影響。

再來看看固定收益與股票有何差別。以任一單獨年份來看，股票對投資組合的風險，無疑都遠高於固定收益。表面上，固定收益似乎無虞，但由於報酬率極低、標準差極小，幾乎可篤定其報酬無法超越通膨。長期下來，投資所得的購買力，將會遭通膨侵蝕殆盡。

再來看看股票，股票的預期報酬更高，預期風險也同樣較高。過去百年間，股市約有百分之七十的時間在上漲，百分之三十在下跌。若天氣預報說降雨機率是百分之三十，一旦下雨，大家不會大感意外；長年來看，總會預期晴天多於雨天。

重點是，股票投資持有時間愈長，本金損失機率愈低，戰勝通膨的機會愈大。固定收益投資持有時間愈長，本金損失風險愈高，輸給通膨的機率也愈大。

投資人通常會根據投資標的單年度標準差，來建立未來三十年的投資組合。二〇〇〇年代初，華頓商學院某堂課談到，股票持有超過十年左右，其實比投資債券安全。對退休金計畫等長期投資來說，這句話猶如醍醐灌頂。了解投資真正的風險，時間一久，差異便會顯現出來。

法則 26 投資組合遊戲化

我把工作當遊戲，非常嚴肅的遊戲。

——荷蘭版畫藝術家艾雪

小時候，父親常為各團體演講，我經常跟著到處旅行。父親其實不必帶上我，但我在家中排行老四，或許在我呱呱墜地時，父親已摸透訣竅，知道怎麼替母親稍微減輕負擔。

有天晚上陪父親去演講，講題明明十分嚴肅，卻頻頻把全場觀眾逗得哈哈大笑。回家路上問父親，演講明明正經八百，為何要講笑話。他說，講題愈嚴肅，大家愈難保持注意力，穿插點幽默，觀眾才有辦法專心聽重點。

他還說：「話題嚴肅，不代表全程就得板著臉。」這番話我記憶猶新，多年來受惠良多。近期，我常到全國各地演說，談投資倫理、受託人標準爭議。對一般人來說，這些主題再無聊不過。既然這議題攸關所有投資人，要增添點幽默，才能有效傳遞訊息。

遊戲化也是同一概念。遊戲化的用意，是把枯燥乏味、艱深晦澀、令人厭煩的任務變得有趣。不得不做的苦差事一旦完成，可獲積分作為報酬，用以兌換喜歡的東西。舉例來說，倒垃圾可獲積分，再用積分去最愛的餐廳大快朵頤。聽來簡單，也確實奏效。

初次在投資界聽到遊戲化概念，是大約兩年前。有個團隊設計遊戲，讓退休金計畫投資人參與。投資過程變得趣味盎然，大家更願意掏錢投入退休金計畫。把錢投入退休金計畫可獲積分，金額若達公司提撥數額，可獲更多積分。

每個禮拜都有人告訴我，沒多餘的錢可投資。這些人總拿得出錢，上館子用餐，買價格高昂的鞋子。所以，他們這番話言外之意是：「我覺得這麼做不值得、不好玩，也看不出有什麼好處。」

若能找對方法，讓投資變得有趣，你不必看到終點線，也依然能達成目標。投資重點在於，今天起你該怎麼做，才能成就美好未來人生。這話題確實正經八百，大多數人興趣缺缺。

邁向成功投資人之路，必須克服重重挑戰，找些方法自我獎勵吧。努力工作、獎勵自己、享受過程，你會驚訝自己無所不能。

119 法則 26
投資組合遊戲化

119 法則 26
投資組合遊戲化

法則27 過去績效可代表未來績效

然而，有許多在前的，將要在後，在後的，將要在前。

——〈馬太福音〉第十九章第三十節

在我們這一行，打廣告必須標註：「過去績效不代表未來績效。」大家都看過這句警語，但我想沒人打從心底相信。更何況，有不勝枚舉的廣告，花大筆時間強調過去績效。

這類廣告在我來看，就像魔術師、街頭藝人熱愛的貝殼藏珠把戲。偷天換日，看得大家眼花撩亂。投資人問：「這筆投資能讓我賺多少？」正解是：「我不知道。」

問題是，這種答案沒人想聽。找到符合投資人期望的投資標的，展示過去績效，以三寸不爛之舌說服其投資，寄望歷史能夠重演，簡直易如反掌。

老實說，期待某項投資能持續超越大盤，並不合理。但這不代表，過去績效不能拿來預測未來。一項投資未來績效如何，雖難以準確預料，預測趨勢卻沒想像中難。在此提供幾個線索：「怎麼上去，怎麼下來」、「鐘擺晃到另一端，終究會盪回來。」

投資界講究均值回歸。若是好投資，當前表現不佳，未來應能回升；反之亦然。若是好公司，近期表現尤其出色，下一週期可能表現較差。

請記住，我不是指公司本身經營好壞，而是指股價表現好壞。股價往往無法精確反映其真實內在價值。投資人通常不是愛之入骨，就是恨之入骨。真相遲早會浮現，價格趨勢也會隨之改變。

這就是為什麼，華倫·巴菲特常說，他花很多時間計算一間公司的內在價值。投資人若能掌握內在價值，等市場價格明顯低於內在價值再入手，風險就會小得多。

某程度上，過去績效確實能反映未來績效。只是大多數人都想錯了。許多基金公司會鎖定過去績效突出的基金，要你相信其績效能長期保持優勢。絕不會有廣告這麼說：「我們的基金過去幾年績效很差，未來將會反彈，買進正是時候。」也不會這麼說：「我們基金一向績效良好，投資人會開始獲利了結，接下來可能會跌一陣子。出場正是時候。」

不必是火箭科學家，也能了解個中原因：歷來績效良好的投資標的，投資人搶著買進，過去表現不佳的則急於出清。這招若能更常奏效，當然再好不過。

123 法則 27
過去績效可代表未來績效

法則 28 有時真不是你的錯

我要在心裡打敗他！

——某拳擊手在賽前電視訪談表示

我向來對行為科學饒富興趣。有些人只對人類行為感興趣，我則好奇人類行為背後的原因。大學修過一門課，談非語言行為，也就是俗稱「肢體語言」。上課所學，在職涯中屢屢派上用場。對我來說，最有趣的，不是解讀行為背後的意涵，而是了解對方當下在想什麼。

我接觸過的投資人多半認為，成就非凡的投資顧問，肯定比普遍顧問擅長抓住千載難逢的機會。看似很有道理，我卻不這麼認為。找對投資機會不難，要讓客戶按照計畫走，才真正難。我們這一行成功的祕訣，就是要不厭其煩，阻止客戶自找麻煩。

聰明人為何決策老是出錯？其實，可能不是他們的錯。科學家多年來表示，要做出明智、有遠見的決策，得靠大腦內側前額葉皮質。此一大腦區塊，幫助我們做出條理分明的認知決策，比方如何執行投資計畫。問題在於，情緒壓力大時，大腦難以充分啟動內側前額葉皮質。杏仁體會變得活躍，決策時容易感情用事。杏仁體只想解決眼前問題。

二〇〇八年金融危機期間，道瓊指數腰斬，二〇〇九年三月六日收盤時，僅略高於六千四百點。當時市場任何合理估值都顯示，道瓊指數被嚴重低估。當某樣東西嚴重低估，理性的人泰半想買進，我們卻得花大量時間，苦勸客戶堅守原則，別急著出清。

價格明明遠低於內在價值，客戶為何想賤價賣出？我想，大多數投資人只是大腦內側前額葉皮質當機，未能理性權衡當前問題，情緒大腦不斷哀嘆：「快止血！你要趕快撤出，擺脫痛苦！我再也受不了了！」

加州大學馬汀．波勒斯博士於研究報告指出，情緒大腦一旦啟動，便很難停下來，也難以喚醒理性大腦。

對我來說，最有意思的是，擁有聰明才智、投資決策出錯，兩者間似乎毫無關聯可言。決策時，若無法啟動正確的大腦區塊，要做對決策幾乎難於登天。那麼，這問題該如何解決？最好找個人來幫你。我強烈建議，找一位值得信任的顧問，幫助你執行計畫。

我認識不少投資人，都自認夠聰明、能獨立操作。我會對他們說：「尋求協助，不代表你不夠聰明。事實恰恰相反，正因為夠聰明，自知可能決策失誤……再說，這可能真不是你的錯。」

127 法則 28
有時真不是你的錯

127 法則 28
有時真不是你的錯

法則29 拓展你的宇宙

追隨你的熱情，就算是一堵牆，宇宙也會為你敞開門。

——美國神話學家約瑟夫．坎貝爾

想像一下，寇克艦長準備啟航，尋找宇宙其他生物。駛離太空船碼頭，準備下達指令，超光速推進。迫不及待去探索未知，看看能發現什麼。蘇魯正要按下按鈕，史巴克說：「寇克，等一下，我們家軟體公司只有跟二十五個星球合作。宇宙這麼大，我們不可能哪裡都去，只能待在這小片範圍。超光速推進的話，恐怕會飛得太遠。」

「史巴克，我們任務可是要探索整個宇宙，不能只待在這小範圍！」

「吉姆，我還能怎麼辦？確實不合邏輯，但這些星球得付錢，才能進軟體公司的宇宙，不付錢就進不去。參數是公司設定好的，我們超越不了，否則就沒有後援了。」

「好吧，蘇魯，企業號速度調到巡航吧，我想我們就到處漂泊，碰碰運氣了。」

這種情境在投資界很常上演。許多公司為推銷產品，會透過銷售團隊，如共同基金公司、券商、銀行、保險公司、投資銀行，為客戶建構一定範圍的投資宇宙。有些是自家開發的產品，或稱「專有產品」，有些是產品套組，為特定目的所組成。

若顧問手上的產品都不適合你，問題就來了。對你的「顧問」來說，情況會變得非常尷尬，總不可能建議你賣掉現有產品，改買別人家的產品。這就像走到老闆面前說：「經過仔細觀察，我發現，跟我做同樣工作的人，表現似乎都比我好。我想您還是解雇我，另尋高明吧。」這種談話在職場上幾乎聞所未聞。投資界也鮮少有這種對話。

因此，你要麼願意多花時間，確保自身投資表現符合預期；不然就找一位使用

「開放式架構」平台的顧問。開放式架構是指，凡是符合你的投資組合需求，投資工具選購上不會受限。若有這種平台，便能有效化解利益衝突，畢竟利益衝突在投資界屢見不鮮。

當然，要避免落入陷阱，有一種方法最簡單，找一位財務利益與其投資產品無關的顧問。在美國，這種顧問比例仍相對低。不論報酬模式為何，許多公司紛紛設計各種開放式架構平台，供銷售團隊使用。選擇平台時，最好找一個含被動型投資的平台，包含指數型基金等。拓展你的宇宙，讓星星為你布局。「寇克通話完畢。」

法則 30 被動通常跑贏主動

股市就像資金重分配中心，從好動的人手中，流向有耐性的人手中。

——股神華倫・巴菲特

表面上，主動管理型投資，似乎值得信賴。投資人彷彿可高枕無憂，交由聰明幹練的經理人掌舵，每天埋頭苦幹，確保投資績效超越平均水準。聰明絕頂、一生奉獻於研究如何賺得比常人要多，有這樣的夥伴，夫復何求。

此論點相當好。但願有更多證據能證明屬實！可惜，尤金・法馬博士提出的證據恰背道而馳，還因此榮獲諾貝爾經濟學獎。

若想深入鑽研，法馬博士的研究隨時可查，以下僅簡要摘述其研究發現。先說好消息，他發現，世上確實有主動型經理人，能夠長期持續跑贏相應指數。壞消息是，能夠超越平均水準，扣除長期收取的額外費用還有賺頭，這種主動型經理人大約只有百分之二。更壞的消息是，要判斷一個經理人是真有本事，抑或純粹靠運氣，可能得花上三十七年。若法馬博士研究結果屬實，投資人恐怕得花為期不短的時間，才能找到那難得一見的稀世珍寶。

其實不難理解。要超越市場，你必須與眾不同，承擔更大風險。若沒有高額報酬，投資人可不願承擔不同或更高風險。為了留住投資人，基金不能長期跑輸指數。要避免此情況發生，唯一方法就是讓基金看似對應指數。這麼一來，報酬也會與指數十分接近。

那麼，既然與指數型基金表現差不多，指數型基金費用又便宜得多，投資人何必掏更多錢找經理人？大多數主動管理型基金，會投入大量行銷費用，吹噓如何超越市場，說得頭頭是道。法則三也告訴我們，投資界顧問的收入，多半是來自銷售產品。

一般而言，指數型基金不必支付佣金給任何人。

如果收入來自銷售產品，而指數型基金又不付佣金，就不難理解，為何靠佣金維生的顧問，不會推薦指數型基金了。他們會不遺餘力告訴你，為何主動型管理是明智之舉。不過，隨著愈來愈多證據顯示，被動型管理較為理想，這股潮流也悄然改變。

話雖如此，主動型經理人仍有用武之地。有人替你操心，時時刻刻留意投資組合，負責代你適時調整，對眾多投資人來說，能避免犯下重大錯誤，這一點極為重要。當然，你也可能慧眼識英雄，發掘那百分之一的稀世珍寶。我只是說，既然物以稀為貴，付出高昂代價前，不妨先三思。

法則 31 歲月教我們的，是日子學不會的

人生只有回頭看才會懂，卻得向前看才能過活。

——丹麥哲學家齊克果

關於人生，父親蒐集很多名言佳句，最鍾愛的是：「歲月教我們的，是日子學不會的。」小時候，我聽了一知半解。隨著年紀增長，逐漸領悟其真諦。跟「見樹不見林」不無類似。大家常為日常瑣事牽絆，以致枝微末節的小事擺為優先。

兩個女兒最近參加一場網球錦標賽。看著女兒，想起她們一路走來多不容易，這場錦標賽意義非凡。先前幾場硬仗，本來以為能贏，結果未能如願，一時難以釋懷。

我告訴女兒，那些只不過是某個二月週六下午的小小比賽，再過十年，就會忘個一乾二淨。

有一天，女兒也許會回顧，成為優秀網球選手的心路歷程。也許會想起歷經多少艱辛努力、刻苦練習；單單一場比賽或錦標賽輸贏與否，根本無關緊要。重要的是，她們長年以來接受比賽、錦標賽考驗，並且練習不輟。真正帶來改變的，是不論每一天結果如何，都堅持做對的事。

投資界也一樣，目光放長遠，不去糾結每日投資績效，不是件容易的事。每天，金融媒體都對你資訊轟炸，訴說當前發生了什麼事，解釋這些事件何以影響你的生活。通常是言過其實。若明天就要將所有資金變現，今天發生的事固然重要，但若是在替未來做準備（例如子女教育、退休、遺產），今日事，往往只是雷達螢幕上一閃而過的光點。

投資人常處於劣勢。看到當下狀況，擔心可能影響未來，心焦如焚，乃是人之常情。正如法則二十八所說，感情用事，對投資絕非好事。要創造超凡績效，優秀投資人懂得善用恐懼與貪婪，而非被恐懼與貪婪牽著走。

要成為出色網球選手，固然得完成幾件要務。鍛鍊球技過程中，你不必屢戰屢勝。有大量證據顯示，只要持續做對的事，不因當日成敗而偏離軌道，你終將成為常勝軍。

三十年的生意夥伴常說：「累積經驗沒有捷徑，只有靠時間。」如果堅持到底，有朝一日你會明白，今日結果好壞，與二十年後結果如何並無太大關連。對未來會有影響的，是今天付出多少努力。既然未來尚早，做決策時，與其憑當下感受，不如多參考經年累月的歷史和證據。

139 **法則 31**
歲月教我們的，是日子學不會的

法則32 這不是火箭科學

關鍵在於承擔責任、採取主動，決定你要怎樣的人生後，排列優先順序，著眼於最重要的事。

——美國管理學大師史蒂芬・柯維

我在金融業待了很長一段時間。許多投資人似乎以為，要贏得勝利，必須比他人聰明。他們忘了，投資並非一場與他人較量的比賽。唯一對手只有自己。投資得用你的血汗錢。這筆錢，想拿來買六十四吋全新配備藍光播放器平板電視的是你，不存大學學費的是你。制定長期目標的是你，得執行計畫、實現目標的也是你。

足球場上，人人都有共同目標。比賽結束時，得分必須比對手高。分數多寡不重要，重點是能否拿下更高分。贏就是贏……直截了當。

在投資界，目標因人而異。有些人願意掏更多錢來實現目標。有些人目標較簡單易行。拿他人狀況與自己比較，會讓人失之偏頗。

這種競爭的觀念，天天在金融媒體搬演。專家滔滔不絕，大談當天、當週或當月孰勝孰敗。忙著關注這些消息，只會讓你心煩意亂，以致決策失準。法則六是「投資很難」。投資確實不易，但原因未必如你所想。投資令人煎熬，同時又違背常理，誘使人在錯誤時機做出錯誤決定。讓你誤以為，無關緊要的東西茲事體大。

投資難就難在，大量資訊轟炸、試圖動搖信念時，能否清楚知道什麼最為重要，並堅持信念。多年來，我逐漸建立一套信念體系，無論是服務客戶、管理自身投資組合，能夠始終如一、堅守紀律。

- 時間一久，股市風險會降低，債市風險會增加。
- 比起尋找更優秀的資金經理人，做好資產配置更有助於獲致成功。

- 分散投資是長期策略之關鍵。
- 天天關注投資組合，通常不是好事。
- 你必須掌握自己的投資期間，並據此行動。
- 顧問得為自身行為承擔責任。
- 成本至關重要，只是有時難以看透。

有一點務必留意，顧問該為你負起責任的，並非報酬多寡，而是用什麼方法獲得報酬。數字隨時在變，重點是獲得報酬的過程，必須符合你的目標。

投資不是在比誰聰明，更沒有所謂能改變一生的靈丹妙藥。同樣以足球來比喻，就是阻截、擒抱。一旦進攻鋒線掌握阻截訣竅，跑衛、接球手也將表現奇佳，讓你大為驚喜。

這不是火箭科學。只是很簡單的原則，只求投資人持之以恆、貫徹始終。

143 法則 32
這不是火箭科學

法則 33 在圍起來的海投資

別拆掉柵欄，除非知道柵欄為何而設。

——美國詩人羅伯特·佛洛斯特

吉米·巴菲特是我很喜歡的詞曲創作人。能用短短三段歌詞、一段副歌，寫出一則短篇小說，整首唱完約莫三分半鐘。有一首歌叫做「叢林有個牛仔」，講一位牛仔困在島上，沒錢離開，於是與水手、遊客為伴。

歌詞提到，牛仔不想在「圍起來的海」游泳。我想，他之所以提到圍起來的海，是因為世上某些海域有鯊魚，當地政府會用繩索圍起局部海域，以防鯊魚闖入。

這麼做，是為保障泳客安全。我在澳洲時，就看到很多這種圍網。雖未強制只能在圍網內游泳，但那裡確實安全得多。你會看到很多家庭在圍網內游泳，畢竟沒人想冒險讓孩子在圍網外游泳。

當然，圍網裡頭不能衝浪，也不能滑獨木舟，巴不得想脫離家人的年輕人，會去闖闖圍網外的海域。到圍網外的海域游泳，理由有千百種。有責任守護心愛之人安危的，會選擇待在圍網內。

投資沒什麼不同。若是為重要目標投資，就需要設下界線。這些界線又稱「投資政策聲明」，人人都該擁有一份。制定投資政策聲明時，必須用理性思考。無關乎你今天想要什麼，而是長期來看，你認為怎麼投資才適當。如此一來，投資路上才能避開鯊魚。

投資政策聲明並非一成不變，可隨人生階段逐步調整。用意在於，確保你不會某天心血來潮，就越過圍網到開放水域游泳。自行承擔風險是一回事，若選擇承擔的風險，會波及家人和重要的人，又是另一回事了。

投資若是為了存大學學費、退休金、生活開銷，就應按照投資政策聲明步步為營。坊間有許多可靠資源，能協助你一步步實現目標。

倘若你有幾筆投資，即使虧損也不痛不癢，大可隨心所欲游出圍網，碰碰運氣。正如澳洲人常說的：「幹得好，夥計！」

法則 34 老派作風依然行得通

大家沒意識到，有些專業人士能出類拔萃，是因為深諳基本原則。

——美國大聯盟傳奇球星貝瑞・拉金

上週，我開車去附近區域型購物中心。我平常很少去購物中心，買東西通常到市中心。記得前洋基隊捕手尤吉・貝拉曾說：「現在沒人要去康尼島了，人實在太多了。」我對購物中心也有同感。塞車是家常便飯。

我知道，住大城市的人恐怕不會替我掉淚，但對於一個平日尖峰時段，開車上班只需四分鐘的人來說，購物中心的車陣簡直讓人崩潰。明明紅燈轉綠，前面駕駛文風不動，直到我按喇叭，他的視線才從手機移開，抬起頭開車。我切換車道，前面車主卻也頻頻低頭看手機，時速只有八英里。這下，沒別的車道可換，只能乖乖待著，等她駛向下一個紅綠燈。燈號轉紅，她沒有停下來，依然盯著手機，照樣以每小時八英里的速度，閃電般闖過紅燈。

最近和妻子約在餐廳用餐。才坐下來，她邊看手機邊說道，有幾個臉書上的朋友，對市場上的壞消息議論紛紛。大家似乎在猜測，最新就業報告發布後，聯準會將有何反應。這消息，我們好多人已揣測數月，新聞媒體偏偏選在昨日宣布，智慧手機用戶早已等到心焦如焚。這不是新聞，而是舊聞重提，換湯不換藥。

在過去，搶先取得市場消息並加以分析，是一大優勢。當時市場資訊管道有限，快人一步就能賺到錢。而如今，即時新聞無所不在，不必訂閱《華爾街日報》也能獲知；甚至在車水馬龍的街道上，以時速八英里行駛，手機也能接收最新消息。新聞早已同步傳遍全國，若還耗時爭搶市場消息，試圖贏得先機，真可謂白費力氣。

那麼，聰明投資人會怎麼做呢？我認為，聰明投資人會回歸到基本投資哲學。目光聚焦在長遠目標上，而非盯著日復一日的評論；隨著競爭環境愈趨公平，這類評論愈來愈無足輕重了。

儘管多年來有許多變化，自班傑明．葛拉漢寫下經典之作《智慧型股票投資人》以來，投資哲學基本原則仍屹立不搖。此書仍值得一讀。很老派，但老派作風依然行得通。

151 **法則 34**
老派作風依然行得通

法則35 永遠別臆測

驟下結論之人，往往鮮少說對。

——英國作家菲利普．格達拉

臆測會讓你身陷麻煩。我們經常忍不住妄下假設。以為衣衫襤褸、外表落魄的是壞人，身穿三件式西裝的是好人。衣衫襤褸、外表落魄之人，說不定在地方慈善機構工作，一生奉獻幫助他人。身穿三件式西裝之人，搞不好是龐氏騙局主腦伯納．馬多夫。你永遠不得而知。不得而知，就是臆測最大陷阱。真相大白時，你也許已釀下大錯。

在投資界，驟下結論再容易不過。無論消息好壞，市場會如何反應，人人總要臆測一番。市場不會驟下結論，只會即時反映世界共識，分分秒秒都在變化。問題在於，大多數人在市場下注時，掌握的資訊甚少。在恐懼與貪婪驅使下，憑有限資訊臆測，而市場正反映大家的臆測結果。這麼做，似乎並非長期投資策略的成功祕訣。

更糟的是，只要打開電視，一堆絕頂聰明的人高談闊論，對同一議題說法南轅北轍，聽來都很有道理；甚至讓你相信，若想退休後過上好日子，現在立刻就要採取行動。

那麼，投資人到底該怎麼做？投資人最好永遠別去臆測，以為所知能超越整體市場共識。永遠別自以為搶得先機、聰明過人，妄想找到靈丹妙藥，登上投資界金字塔頂端。決策時應善用實證資料，根據公認事實、投資理論。要知道，今日一如既往，不會改頭換面，而你所知道的，也不會比別人多。

難就難在，新聞快訊、頭條消息讓人情緒激動，總覺得**現在**得做些什麼才行。於是，在事實尚未完全明朗前，便開始胡亂臆測。

要做對決策，你必須深呼吸；當初讀完法則三十三所寫下的「投資政策聲明」，拿出來回顧。花點時間回想，自己在思緒清晰、沉著冷靜狀態下，立志如何投資，然後堅守紀律，朝目標前進就對了。

在過去，確實有人能搶先一步，合法取得消息。當年市場效率較低，投資界入行門檻高，相對下也創造許多機會。如今，這種日子一去不復返，我們這一代參與的傳統投資市場已不復見。儘管如此，只要你肯花時間，運用扎實的投資理論，依據事實來決策，勿被個人情緒牽著鼻子走，投資界依然能助你實現夢想。

法則 36 市場永遠都在

價格是你付出的，價值是你得到的。

——股神華倫．巴菲特

理解市場如何運作並不難。有些人想賺錢，於是選擇進場；有些人賺飽或虧錢了，打算離場。在早期，交易得靠場內經紀人來促成，如今幾乎一概由電腦完成。現在仍有中間人或中間電腦，來協助促成交易。二〇二二年，光是紐約證券交易所，這些中間角色促成的交易，每日平均逾三千八百萬筆。交易量極為可觀，可見股東有數百萬計；實在難以相信，在你需要進出場時，會苦於找不到買方賣方。

市場永遠都在，但以什麼價格成交？這才真棘手。

市場天天隨情緒波動而起起伏伏。市場上漲時，參與者忙不迭賺錢，尚未進場者迫不及待加入，好分一杯羹，於是價格上漲。市場下跌時，投資人虧損，急著出清止損，於是價格走跌。

也難怪，尚未進場的人，眼看大家紛紛出場，會遲遲不敢投資。寧可選擇觀望，直到感覺對了才入場。這種行為模式，會演變為趨勢。普通投資人會跟著趨勢走，哪怕過程漫長又煎熬。這就是所謂的「羊群心態」。加入羊群，會讓你陷入投資困境。想跟著別人大賺一筆，於是在多頭市場買進；怕跟朋友一樣虧錢，於是在空頭市場賣出。

大家會這麼做，其實很容易理解。容易理解，不代表做法為對。事實恰恰相反：逆勢操作的人，往往長期績效較佳。也就是買低賣高。任誰都想做到，卻難如登天。情緒驅使下，總讓人在錯誤時間點下錯決定；你必須不受情緒左右，才能做對決策。

多年來，我們這一行經常參考反向指標，來決定怎麼操作。反向指標看上去是一回事，實際意涵卻是另一回事。羊群心態就是一種反向指標。大家一窩蜂買進時，可能是賣出信號；所有人都在殺出時，或許是買入信號。強迫自己逆勢而為，長遠來看，向來獲利可觀。

猶記得一九八七年市場崩盤，道瓊工業平均指數一天內下跌超過六百點，收盤時比前一天低五〇八點，創下當時史上最大單日跌幅。隔天情況更為慘烈，市場再次開低，看來十之八九會創下連日下跌新紀錄。

當時電腦交易程式有個設置：若最新成交價低於前一筆成交價，便會觸發系統自動賣出。這下，市場崩盤，幾乎找不到買方。一開盤，道瓊指數又暴跌二百點；此時，約有六名買方決定逆勢而行，不追隨羊群，選擇押注市場反彈，下單買進道瓊指數買權。一筆約三萬五千美元的相對小額投資，一時填補買方空缺，成交價不再走跌，而是小幅上漲。市場上揚後，觸發了電腦的買進程式，開始購入股票，又接二連三觸發其他買進程式。小小逆勢操作，觸發電腦交易程式連鎖買進，道瓊指數止跌狂飆。

願意接手交易的投資人一定會有。要找到心甘情願的買賣方，價格可能要調整一下，但一定會有。

二〇〇九年初，股市持續走跌，有個讀者問我：「道瓊萬一歸零了怎麼辦？」他語氣十分認真，恐懼萬分。我告訴他，道瓊從未跌到零。道瓊指數首次交易日，開盤約為七點。

公司有其內在價值，只要公司還在，市場就會一直存在。掌握何時該買進、何時該賣出，即是成功關鍵。一般來說，跟眾人反其道而行就對了。

法則37 波動是好事

可別以為缺乏波動就是穩定。絕不要把缺乏波動與穩定混為一談。

——黎巴嫩裔美籍數理統計學家納西姆．尼可拉斯

女兒都是網球選手。很小的時候，大約四歲起，就揮起球拍了。打球自娛是一回事，近年來，兩姊妹決定認真起來，投入網球比賽。

兩人雙雙加入高中網球隊，姊姊在校隊，妹妹在準校隊。許多人說，參加競技運動，求的不外乎勝利，我倒不這麼想。如果你場場贏，代表沒機會更上一層樓，對吧？若要進步，就得挑戰更難的賽事。既然如此，勢必不可能百戰百勝。

每當她們輸了，找我傾訴發生了什麼事、學到了什麼時，我都由衷替她們開心。因為我知道，她們會持續進步，遇強則強。世上只有一名選手能獨占鰲頭，其他人隨時都可能輸。失敗過，更懂得珍惜勝利，我認為這才重要。嘗過失敗的痛苦，勝利的果實才更加甜美。

重點在於，追求成功的過程中，走過低潮，往往有益無害，在投資界也是一樣的道理。

波動是好事。有波動，才有機會成功。誰都期盼投資年年漲，但無論實務還是理論上，都不可能發生。買賣雙方齊聚一堂，於是創造了市場，賣方認為價格很高了，買方則認為價格過低，才會形成交易。

如果市場年年漲，大多數股票持有者就沒有理由賣出。如果沒賣方，就不會有市場了。不論是空頭市場、多頭市場，都一樣為投資人創造機會。貪婪與恐懼，市場波動的兩大驅動力，唯有在波動不休的環境下方能存在。

投資界成功心法是，面對市場波動，不僅能欣然接受、透澈了解，還能化為己用。說來容易做來難，而即使十分艱難，仍舊是不變的真理。耐性十足、講究方法的投資人，知道多數人總是做傻事、導致市場波動過大，於是能化危機為轉機。在多頭市場保有適度恐懼，在空頭市場懷有一定貪婪，對投資組合將助益良多，即使內心總是在唱反調。

高爾夫球傳奇人物本．霍根曾說：「揮桿時如果感覺對了，很可能就會出差錯。」這番話也適用於投資。我所接觸過的投資人，多半追求穩定可靠，但更高明的做法是，面對波動，不僅欣然接受、透澈了解，還能化為己用。

法則 38 紀律會有回報

這兩種痛苦，我們只能二選一：保持紀律之苦，或是後悔失望之苦。

——美國企業家吉姆・羅恩

一九五八年，有人在採訪貓王時問道：「一夕成名是什麼感覺？」

貓王回答：「就像是一個非常漫長的夜晚。」其實，早在多年前，貓王就進太陽唱片，為母親錄製一首歌。那些年，他隨鄉村音樂節目「路易斯安納州乾草車」巡迴演出，只要有人邀請，便登臺演出。直到某天，突然風靡全國，看似一夕成名。

美式足球教練盧・霍茲曾對我說（好吧，其實是對我和大廳裡兩百餘人說）：

「有趣的是，最努力工作的人，似乎也最幸運。」近期「今日秀」聊到，祖克柏光是上班，每週就工作五、六十個小時，這還不包括他畢生都致力讓臉書變得更好。

當然也有例外。有人靠吃角子老虎機，一千萬美元輕鬆落袋；有人則是發明「寵物石」。有時，剛好歪打正著，但這種機會少之又少。

剩下百分之九十九的我們，只能靠雙手去掙，而紀律正是成功的不二法門。渴望成功是一回事，能不能踏出去努力爭取，又完全是另一回事了。

美式足球員阿奇・曼寧曾說，清晨五點，會帶培頓、伊萊、庫帕三個兒子，到練習場鍛鍊球技。他們基因傲視群人，這點無庸置疑，但光有基因是不夠的。明明有其他事想做，卻依然堅守紀律完成任務，才能率先衝過終點線。

投資也一樣。你必須恪守一套紀律。倘若在投資界無所適從，策略朝令夕改，抱著碰運氣的心態，最終很可能事與願違。即便是高風險投資策略，也亟需紀律。要承受得起下跌，堅持到回升，紀律得超人一等。要做到這點，必須對自身策略了然於胸，深信會奏效。若做不到，便很容易犯錯……有時甚至一錯再錯。

德明信基金澳洲分公司副總裁吉姆．帕克，在〈再次與波動共處〉一文提到：「市場波動令人煎熬，這點不可否認。但只要嚴守紀律、分散投資、了解市場如何運作，這趟旅程還是熬得過去。時機一到，價值便會重新浮現，風險偏好再次甦醒；此時，能認清情緒、不受其左右的人，將不再焦慮，如釋重負。」

秉持紀律，精益求精，打造適當投資策略，持之以恆執行下去，會讓你的投資生活煥然一新。倘若靠一己之力辦不到，就把紀律用在聘請專家代勞吧。若能做到這點，總有一天，你將體會何為一夕致富。

169 **法則 38**
紀律會有回報

法則 39 贏了，就別再玩

玩撲克牌時，看看同桌的人，分不出誰是輸家，那麼輸家就是你。

——好萊塢傳奇巨星保羅・紐曼

投資不是遊戲，大多數人都懂這道理。投資比遊戲嚴肅多了，後果過於重大，無法掉以輕心，不過，你確實會去計分。每個月會傳來報表，告訴你帳戶績效如何。你難免會根據投資報酬，判斷上個月或輸或贏。

要衡量目標達成度如何，得考慮眾多變數，比如通膨率、加薪、大學獎學金等，多得難以一一例舉。儘管如此，你還是會逐月給自己打分數。

還記得法則二十六「投資組合遊戲化」吧？適當遊戲化，不僅能讓投資更趣味橫生，還能提高獲利。若不知遊戲何時該結束，問題可就大了。本章標題大可取為「請繼續玩，贏了為止」。我認識有些人，六十五歲一退休，就想把投資組合全換成固定收益，只因為退休了。六十五歲，離天國多半還有四分之一世紀，卻老覺得自己隨時會蒙主寵召。工作是告一段落沒錯，投資組合還有很長的路要走。

反之，也有一些投資人，窮盡一生冒險，即使早就不虞匱乏，仍選擇繼續冒險。猶記得一對八十歲夫婦來找我諮詢，其投資組合中，有九成資產是股票，且重壓同一檔股票。這檔股票，是他前公司的股票，多年來陸續買進，也是早早賺夠退休金的主因。

我問他：「如果今天從頭開始，你手上握有現金，你還會重壓同一間公司的股票嗎？」當然，他說才不會。我接著問：「如果這檔股票翻倍，你的生活會改變嗎？」

他說不會。既然沒有什麼大筆開銷，也沒打算要長途旅行。說真的，再賺也是多餘了。

我又問：「如果股價腰斬，會改變你的生活嗎？」

他回答：「當然會！要是這樣，很多方面都要大幅調整了。」

風險既然如此大，何必繼續鋌而走險？將大量資產集中在單一投資上，風險極高。贏了，就別再玩！不必絞盡腦汁，就能明白我的意思。看看世界通訊、安隆的例子就知道了，這些公司曾經看似大到不能倒……結果倒了。留意自身風險概況，你責無旁貸。你還是可以投資，只是長久以來的投資遊戲該結束了。找個更適合的遊戲，重新開始吧。

時下投資顧問，非常擅長衡量投資人最大風險耐受度，然後迫使投資人一輩子承受同等風險。不該如此。

你得清楚知道自己該玩什麼遊戲，贏了，就別再玩，找個更適合的遊戲，重新出發吧。

法則40 天下沒不勞而獲的事

實話還是得說：天下沒有白吃的午餐。

——聯邦眾議員葛莉絲・納波利塔諾

鄉村音樂深得我心。說故事能力一流，其他類型的音樂都望塵莫及。有一首歌談到，人要苦幹實幹，努力謀生。歌名為〈我只懂這種方法〉，由傑森・奧爾迪恩演唱，主題為耕作。一段歌詞提到，要怎麼收穫，就怎麼栽，這道理很重要。多棒的教誨啊！

你可能覺得被老闆虧待，沒得到應有報酬；或埋怨朋友在某些事上沒能盡責。但正如傑森・奧爾迪恩所說，泥土沒有情感，不會辜負你。泥土就是泥土。不善盡本分，不努力耕耘、播種、澆水、收割，作物就會受損。怪不了別人，只能怪自己。責任在你身上。

表現如何，難免受四面八方的外力影響，這我明白，但若不盡好本分，就連機會都沒有了。這也是為什麼，這首歌接著強調，務必專注於你能掌控的事情上。不論作物收成好壞，想保有一絲希望，就得付出努力。

投資界也是如此。找捷徑太過容易，總有人告訴你，他們能用更快、更輕鬆的方法幫你實現目標，而且所需資金更少。我發現，世上確實有例外（有些人真的會中樂透），但捷徑幾乎都行不通。

我知道，要放棄今日享樂、未雨綢繆，確實折磨人，但帶有犧牲的付出，不僅適用於教堂。對於至關重要的事，也泰半有效。若想存錢送孩子上大學，或和另一半享受退休生活，就必須釐清如何實現目標。

也就是說，預期要合理。做決策時，根據準確數據，而非不切實際的幻想。一旦弄清楚自己該怎麼做，就必須付諸行動，致力達成目標。誠如老笑話所說：「這不是火箭科學！」

制定計畫，鍥而不捨付諸實行。就像農人常言道：「只要天公作美，河水不氾濫，你就能有好收成。」

再套句好友戈登・格蘭特博士的話：「永遠向前看。」

177 **法則 40**

天下沒不勞而獲的事

法則 41 別把速度當朋友

我擔心的是，標榜更快、更容易的投資方法，只會讓大家賠得更快、更容易。

——德明信基金董事長暨創辦人大衛．布斯

現代社會凡事求快。飛機、火車、汽車永遠不夠快。網路要更快，電纜傳輸要更快，一切都在比快。身為投資人的你，不希望人人都快，只求自己更快。

這笑話不知你是否聽過？森林中，兩位登山客發現熊的蹤跡，而且是剛留下不久的。其中一人脫下背包，取出跑步鞋，換下登山靴。同伴看著他，笑道：「你又跑不過熊！」登山客換好跑步鞋，回答：「我不必跑得過熊，跑得過你就好了。」

一九八五年剛進投資界，任職的券商，是紐約證券交易所史上第二古老的會員公司；這在當時意義重大，不透過會員公司，便無法在紐約證交所買股票。進入門檻極高，卻也因此讓我機會多多。

只要連上資訊系統，股票消息一公開，我就會立即收到通知。在當時，大多數人得等報紙刊出或電視報導，才能獲知最新消息，媒體也鮮少打斷定期節目，來播報每日股市新聞。我恰可借助資訊優勢，搶得先機。

如今情況大不同了。人人手機搭載5G網速、應用程式，世界各地新聞自動推播，誰都不再享有時間優勢。下午二點〇六分，股市若有什麼狀況，所有關心股市的人，二點〇七分就會得知消息。

速度奪走了當年優勢。當今市場，一有任何消息，人人都能同步反應。速度愈快，市場愈有效率。論效率，股票和債券交易所，在世上可是名列前茅。

別再以為，有人能神通廣大、掌握內幕消息。既然木已成舟，投資人該怎麼做？首先，看到專家在財經新聞上自吹自擂，請直接忽略。再來，務必體認到，短期市場操作就像賭場擲骰子遊戲，輸贏全憑運氣。短期市場波動，取決於買賣雙方當下的集體情緒，幾乎無可捉摸。第三，若想運用財務技能提高投資收益，眼光要放遠。長期來看，財務數據依然重要。

深呼吸，慢下來。別凡事求快，網速快就好了。請接受這個事實：無論任何時刻，你都不可能比市場聰明。要長期勝過普遍投資人，許多方法證實有效，沒有一樣跟速度有關。

法則 41
別把速度當朋友

法則 42 挑好模式，再選夥伴

我們常把時間花在次要事情上，重大目標才多半難以達成。

——美國勵志作家羅伯特．麥肯

我發現投資界有個現象，投資人經常還沒確定模式，就先選擇合作的專家夥伴。模式若未釐清，大家做法大同小異：選擇時，並非依據自身需求，而像在進行投資界選美比賽。有沒有認識的？有沒有朋友認識的？誰廣告打得好？誰看起來絕頂聰明、品行端正、成就非凡？這些特質固然好，有的話也確實值得合作……前提是，你得先決定自己要何種合作關係。

有個好友醫術高明，多年前幫我換膝關節。也有個朋友，同樣是杏林高手，幾年前替我動喉嚨手術。兩人都為人正直、聲譽卓著、醫術精湛。然而，我絕不會考慮由喉科醫生來做膝關節手術，也不會讓膝關節醫生來開喉嚨。當然，他們也絕不可能容許職權誤用。

投資就不一樣了。在投資界，大家看起來別無二致，事實卻非如此。從事經紀、保險、銀行業務的投資專家，薪水多半來自金融產品公司。不同產品間，佣金報酬可能天差地別。

新品上市，或舊產品風光不再，投資產品公司通常願付較多佣金。產品需要推銷，佣金愈多；若不須推銷，佣金愈少。這套模式無關「哪一樣對客戶最有利？」受託人無論投資何種產品，佣金都是零。

不論投資什麼，佣金皆為零，替客戶選擇就容易多了。若必須在以下兩者間做出選擇，要保持客觀十分困難：第一，未選擇客戶最適合的產品，而造成客戶利益受損；第二，選擇客戶真正需要的產品，但佣金少得可憐。投資專家若靠佣金維生，不巧某月業績不佳，偏偏父母住養老院、子女上大學……可想而知，要他們推銷佣金較低的產品，恐怕難上加難。

話雖如此，我仍認為，許多投資人確實需要這種合作關係。換成受託顧問，就不會千方百計尋找最熱門、新奇的投資點子，也不會觸碰模稜兩可的投資產品；必須承擔受託責任，避免你投資風險過高的產品，策略因而較保守。那麼，投資人要如何決定，自己到底需要何種合作關係？

依我來看，方法很簡單。身為投資人的你，喜歡選擇權掌控在手中？自己掌握命運？希望投資專家提出建議，再由你決定買什麼？若是如此，你不需要受託人。受託關係只會徒增困擾。你需要的夥伴，是靠產品佣金賺取報酬，能提供市場上炙手可熱、五花八門的投資標的。至於購買產品要花多少錢、你到底需要什麼，也都由自己決定。

你是否希望，職場上或退休後，能專注在擅長的事情上？投資的重責大任，是否需要有人替你分擔？比起時時刻刻盯著投資專家，擔心自己是否選對投資，你是否更希望高枕無憂？若是如此，你需要的夥伴，得扛起法律責任，凡事以你最大利益為優先。那人有權天天替你決策，不必每次打算下單、必須下單時，都得來打擾你。若是這樣，你需要的是受託人。

問題在於，投資人在選擇合作對象前，多半未能縮小範圍，挑出真能滿足自身需求的夥伴。若一開始就做對決定，結果可是天壤之別。選擇投你所好、廣告天花亂墜、朋友推薦的夥伴，固然也合情合理，但前提是，他們要能確實達成你交付的任務。模式選好之後，就讓選美大賽開始吧。

187 **法則 42**
挑好模式，再選夥伴

187 法則 42
挑好模式，再選夥伴

法則 43 讓市場來找你

因為沒人想慢慢變富有。

——股神華倫·巴菲特

舉個耳熟能詳的例子，有人曾問華倫·巴菲特：「為什麼其他人做不到，你卻做到了？」巴菲特的回答，成為法則四十三的引言：「因為沒人想慢慢變富有。」我在投資業待了將近四十年，容我斬釘截鐵告訴你，此話句句屬實。投資人總自認能找到捷徑，擊敗市場，也設法找一位能擊敗市場的顧問。人人都大談特談，如何超越指數、勝過他人。

七十多歲成為億萬富翁，巴菲特十幾歲便有此領悟：你不需要擊敗市場，只要交給市場自行運作，機會來臨時，確保自己參與其中。

有成千上萬的投資專家，每天醒來想方設法超越市場。也有數百萬計的投資人，相信只要夠努力，就能找到快速致富的靈丹妙藥。有此想法無可厚非，但我也找不著證據，來證明真有人能持續打敗市場。真有人辦得到嗎？當然有。會有人中樂透嗎？絕對有。普通人能複製同樣招數，妄想自己也能致富？我至今找不到相關證據。

快速致富得承擔巨大風險，上升風險固然令人欣喜，下行風險一旦成真，讓人痛不欲生。要在這場遊戲中獲勝，不僅要選對投資標的，還得精準判斷何時該賣出。不難想見，這場遊戲通常輸多贏少。猜對兩次，你會大獲全勝；只要一次出錯，就能全盤皆輸。

巴菲特清楚知道，市場終究會滿足你的期望，與其千方百計擊敗市場，不如讓市場來找你。他還知道，你務必保有耐性，讓市場有充裕時間運作。市場有時會與你作對，讓人好一段時間如坐針氈，甚至誘使你在錯的時間點做錯決策。耐性十足的投資人始終相信，市場會帶來穩定報酬，一如過去百年來所見。投資股票市場，年化報酬率約為百分之十，債券市場約百分之五；貨幣市場扣除通膨後，幾乎為零。

世界再千變萬化，都改變不了這個事實。二十世紀初是農業社會，接著轉型為工業社會、科技社會，如今則步入服務型社會。即便如此，自由市場體系的年化報酬率，始終維持在百分之十左右。重點不在挑選贏家，而在於擁有整個市場。試圖挑選贏家，很可能出錯。唯有一點可確信，那就是長遠來看，市場上會有無數贏家輸家。要預測孰勝孰負，幾乎不可能。所以，持有整個市場吧。請接受這個事實：手頭上難免有輸家，但你也勢必會有贏家。長久下去，便能在股市獲得百分之十的報酬。

接下來，算數學就好。一年報酬率百分之十，那麼再過約七年又二個月，資金便會翻倍。愈早開始，財富累積愈多。過程也許既不迷人，也不振奮人心，卻是據我所知，最簡單的致富祕訣……只是速度慢了點。讓市場來找你就對了。只要耐得住性子，總有一天，賺來的萬貫財富，可讓你興致勃勃，實現五花八門的夢想。

法則 44 資金要分好幾桶

水桶得靠自己去填，而要填滿水桶，最佳辦法就是有效溝通。

——美國領導學顧問大衛・科特萊爾

絕大多數投資專家，收入來自銷售產品。任何銷售高手都曉得，要賣出產品、讓客戶買單，得拿捏訣竅：潛力非凡的經理人、蓄勢待發的潛力股、即將崛起的新興科技……話術琳瑯滿目，不及備載。人人都希望眼前是千里馬，而自己是伯樂。

這套投資方法問題在於，對方鮮少會問你，想用這筆錢達成什麼目標。

若與另一種投資專家合作，情況就截然不同了。肩負受託人角色的專家，得依法以客戶最大利益為優先；客戶想用這筆錢達成什麼目標，是受託人首要必備問句。

在我們這一行，了解客戶的風險承受度至關重要。有個朋友曾說，我們總費心釐清客戶的最大風險承受度，從此強迫客戶一輩子承擔同樣風險。這恰是我們這行的一大悖論：總是根據一年內可能的波動程度（標準差），來定義一筆投資的風險，即使投資人的投資期間多半極長，且資金占比可觀（例如拿來存退休金、大學學費）。長期下來的風險，與短期風險大相逕庭。

舉例來說，大多數人都清楚，股票、債券等傳統投資工具當中，股票風險最大。但務必記住，風險有兩面：上行風險、下行風險。上行風險實現時，不曾有客戶大動肝火。

不曾有人來找我抱怨：「你當初明明說，我們目標是賺百分之七，結果今年卻賺了百分之十，我很不爽！」

下行風險發生時，投資人則怒不可遏。短期來看，股票的下行風險確實高於債券；投資期間拉長到十年、十五年，甚至二十年，股票的下行風險便會低於債券。股票風險仍較高，但上行風險居多。

明白了以上這一點，就不難理解，長期來看，股票比債券安全。這就是為什麼，投資人進場前的首要之務，就是斟酌投資期間。你打算投資多久？我建議資金分成三桶。

第一桶，放未來十八個月可能動用的資金。這筆資金的投資期間較短，建議持有現金，或放在貨幣市場基金。短期內，股債價值損失風險較高；既然作為緊急備用金，實在無須將資金暴露於市場風險。

第二桶，放未來十八個月應該用不上，但未來五到六年可能動用的資金。這筆錢，應建立涵蓋股債的多元投資組合，以債券為主，股票為輔。債券負責產生收益，股票則可抗通膨。研究顯示，以此投資期間來說，最安全的投資組合，大約百分之三十為股票、百分之七十為債券。

第三桶，則放短期內不打算動用的資金。理論上，這桶資金該全部投入股市。確實有點道理。務必牢記，時間拉長到二十年，股票下行風險或許極低，但你得年復一年、熬過二十個年頭，才享受得到回報，畢竟股票可能年年都有大幅波動。

訣竅沒有別的。找出合適的股債配置，讓投資過程盡可能穩健平順，投資人才好持之以恆執行計畫。一旦找對方法，就可以開始行動了。

法則 45 知道自己何時在賭博

哦，老天爺啊，讓我打平就好。我需要這筆錢。

——賭徒的祈禱

接觸過的投資人，大多告訴我，很渴望過上更好的生活，為子女創造更優渥的生活條件，支持熱愛的慈善事業，有生之年能不必為金錢煩惱。說得更白一點，他們不想太早離世，想過得不愁吃穿，活得越長越好。

年過四十的投資人，很少會向我說：「我想大幹一票！我們來賭一把，投資點刺激的！」

儘管如此，許多投資人會陷入循環，冒險到欲罷不能，而且通常渾然不覺。以投資業來說，絕大多數公司都在販售投資產品，從業人員也多半靠賣產品賺錢。賣產品賺錢本身並無不妥。在汽車經銷商、服飾店、電子產品店、家電行當銷售員，收入也多半來自產品佣金。在投資界，問題就大了，誰是靠產品賺錢、拿了多少佣金，投資人簡直無從判斷。

從事高階產品銷售，必須具備特定技能，這些技能當中，沒有一項與釐清投資目標有關。要推銷產品，你必須：

- 擅長說故事
- 了解產品噱頭
- 懂得恰如其分打動客戶
- 能夠順利成交

假設某產品較符合你的需求，另一產品提供雙倍佣金、故事引人入勝、噱頭十足，顧問推薦後者的機率大多了。這種情況會發生，其實不難理解。倘若這種情況屢屢發生，投資組合恐怕會失衡，同樣不難想見。

對方若是靠銷售產品賺錢，合作起來還會有個挑戰：利益驅使下，可能會頻繁變動你的投資配置。假設交易股票能賺取佣金，那麼要從中再賺一筆，唯一辦法只有賣掉，買進另一投資標的，從交易中獲取佣金。

比方說，某人持有的年金已過違約期，經紀人不必支付違約金，便可賣掉，買進另一種年金，好多賺一筆佣金，違約期重新算起。對經紀人來說是好事，對客戶大抵未必如此。

就連我們的教育機構，也鼓勵投資人賭錢。學校很少開設投資哲學課，卻有「股市模擬遊戲」，讓學生從中學就開始玩，以虛擬資金投資，看誰在六週內賺最多。以投資持有期間來說，六週其實毫不合理。學校傳授各種證券交易術語，卻很少教我們，持有多元資產有何優勢、以指數型基金降低成本有何好處。

金融媒體也不遑多讓。日復一日報導市場動態，彷彿這些攸關你的退休金投資計畫，敦促你多多調整投資組合。

無奈的是，投資業的產品銷售端，比受託端光鮮亮麗得多。選擇受託端，顧問收不到產品佣金，也不會有人打來推銷投資方案，而這些方案偏偏魅力十足，故事令人拍案叫絕。

如果你想聽精采無比的故事，也想自行管理投資風險，那麼祝你好運！

我擔心的是，有些人其實不想要這種合作關係，也不想讓投資生活蒙受這般風險，而會陷入這種境地，純粹是因為，誰是靠銷售產品維生，而誰不是，實在難以辨別。

法則 46 了解追蹤誤差，善加利用

法則五「利息是武器」，成也利息，敗也利息。追蹤誤差也一樣，只是較鮮為人知。投資人可從追蹤誤差的數字，判斷投資組合與基準指數的相近程度。舉例來說，標普五百指數涵蓋美國各種大型股，如果你的投資組合擁有多支美國大型股，便可從追蹤誤差得知，投資組合與標普相似程度為何。

技術上來說，追蹤誤差算法是，以投資組合標準差，減去參照的指數標準差。標準差是一種指標，可衡量某項投資的上下波動幅度。追蹤誤差的公式不見得要懂，但務必了解其背後意涵。

投資績效優於指數時，投資人通常熱愛追蹤誤差。簡直拿到聖杯了，對吧？你打敗市場，朋友瞠乎其後，金融天才就此誕生，恨不得大肆宣揚。一旦投資追蹤誤差大、表現落後指數，感受就大不同了。完全無法接受。總不能到聚會，告訴朋友自己績效不如指數吧。難道說，這就是從天堂掉到地獄？

這種心態在市場上十分常見。看到某支共同基金表現超越指數，投資人蜂擁而至，資金大量湧入；一旦落後指數，資金則迅速撤出。無論投資目標是什麼，這兩種做法可能都有失妥當。

如果你有多元投資組合，希望報酬接近大盤，可不希望出現追蹤誤差。正負皆然。追蹤誤差大，代表投資組合可能有問題。投資人若追求超額報酬，情況恰好相反。要獲得超額報酬，勢必得承擔大幅追蹤誤差。表現愈接近指數，愈不可能超越指數。這只是基本邏輯，合乎邏輯是一回事，實際行動又是另一回事。

共同基金經理人都清楚，偏離指數太多的話，那一年可能績效欠佳，投資人可能撤資，琵琶別抱。儘管如此，許多經理人仍自稱能擊敗市場。法則三十「被動通常跑贏主動」，主要原因就在於，即使長期下來可能超越大盤，短期內若績效不佳，投資人便難以忍受。

你豈能想像，辛苦賺來的血汗錢，全交給一位資金經理人，而他只替你的投資組合買進四檔股票？你可能覺得他瘋了。只要一檔股票表現欠佳，你就會質疑他能力不足、不夠理智，擔心自己所託非人。事實卻是，要達到報酬遞減的程度，並不需要太多股票。

過去投資經驗告訴我，根據報酬遞減法則，標普五百指數中任選十二檔股票，報酬率與指數相似度至少可達九成。然而，經理人通常會買一百五十到兩百檔股票。我想背後原因在於，若僅持有少數幾檔股票，隨之而來的追蹤誤差，投資人會接受不了。無可否認，要成為出色的資產管理人，得擁有充沛資金可管理。

若真想擊敗市場，就去找追蹤誤差大的投資標的，但願誤差為正。如果不奢望超越大盤，長期獲得平均報酬便心滿意足，何不買進追蹤大盤的指數型基金，還可大幅減少手續費，一舉兩得。

法則 47 鐘擺總會擺動

只要等待，鐘擺總會盪回來，我有十足把握。

——美國導演唐・布魯斯

有句老生常談：「人生唯獨兩件事確定：死亡與納稅。」我認為還可加上法則四十七。鐘擺總會擺動。這句話很多地方都適用，對於市場、驅動市場的要素，尤其一針見血。

過去一百多年來，股市年化報酬率約為百分之十。這幾乎是不爭的事實，卻仍常聽到大家說：「這次會不同。」這種說法從未成真。

自由市場體系似乎會獎勵公司股票持有者，特別是擁有整體市場的人，報酬率大約為百分之十。從二十世紀初的農業社會，到隨後的工業社會、科技社會，再到如今主導美國經濟的服務型社會，向來如此。

有趣的是，股市也許從未有一年，報酬率恰好為百分之十。一直以來，都是或高或低。這也是為什麼，我們稱投資這一行講求「均值回歸」。回顧過去十年的股市報酬率，假設平均為百分之十四，那麼幾乎可以確信，接下來股市恐怕會表現不佳，畢竟長期來看，平均報酬率為百分之十。

那麼，當前報酬率若為百分之十四，會如何回到百分之十的平均值？答案就是：表現欠佳。世上有很多專家，千言萬語解釋個中原因，我只想說一句：「鐘擺總會擺動。」固定收益市場也同樣適用，只不過，長期平均值更接近百分之五。

鐘擺效應對投資的影響，不只一種面向。回顧歷史不難發現，長期以來有一種趨勢，會對證券市場造成動盪，且與政治息息相關。

保守派一向主張，政府不該監管企業運作，口號是：「讓私部門有機會賺錢，他們自然會做有益的事。」某種程度上，似乎確實如此。然而，一旦放任過頭，企業會變得過於鬆散，銀行業尤其明顯。貪婪趁虛而入，問題多端。自有可靠紀錄以來，市場上經歷多次股災、熊市、低迷，舉凡一九二九年股市崩盤、二〇〇八年金融危機，在我來看，導火線都在此。

那麼，市場崩盤時，會發生什麼事呢？要擺脫危機，必須啟動監管機制。監管，監管，還是監管。監管到如此爐火純青，以至於就算借錢給銀行，要貸款取回資金還可能遭拒。一旦企業無法貸款融資，便會怨聲載道：「監管太多了！」於是鐘擺又開始盪向另一邊。

我知道，世上有無數人靠預測股市走勢、解釋背後原因來謀生。這些人絕頂聰明，花費大量心力提出看法。即使經常出錯。

寫法則四十七的同時，我以二〇二二年底為起始，回顧過去十年的股市報酬。以平均報酬率來看，美國股市為百分之十二．一三，國際股市為百分之四．五九。若說我們這一行講求均值回歸，而鐘擺始終以百分之十為中心點，那麼，美國股市得歷經哪些變化，才能回到百分之十？國際股市又得發生什麼事，才能達到百分之十？

鐘擺總會擺動。也許擺得不如你預期快，也不及你期望來得遠，但若能找到中心點，掌握鐘擺的節奏，穩紮穩打的投資計畫就呼之欲出了。

213 法則 47
鐘擺總會擺動

法則48 要放眼全球

全球化說到底，就是將自由市場擴展到全世界。

——美國政治諷刺家派屈克・傑克・歐魯克

有一種現象叫「近鄉偏誤」。比起陌生事物，大家更偏好自己熟悉的。別隊再強，也寧可支持自家隊伍。逛超市時，就算新品牌更優，仍選擇最愛的牌子。投資股票也一樣，即便別間公司的資產負債表、市場占有率、淨值市價比表現較佳，仍堅持買進自己熟知、用過產品的公司。

馬克・吐溫曾說：「寫你所知。」對於熟悉的事物，大家會有安全感，願意下注。結果不見得總能盡如人意。就讀范登堡大學期間，學校有幾年會參加全美大學體育聯盟一級男子籃球錦標賽，我總是過度樂觀，乃至於一度猜我校會奪冠。不過，值得一提的是，那年我填了兩份預測表，以免預測錯誤……結果，果然錯了。

法則二十八是「有時真不是你的錯」。決策時，我們經常用錯大腦區塊。杏仁體此一大腦區塊，讓人決策易流於感情用事，譬如預測范登堡大學會一路過關斬將。前額葉皮質這一區塊，則負責理性、客觀的認知決策。

人會有近鄉偏誤，便是杏仁體作祟。投資時，持有過多本國股票，就是一種近鄉偏誤。在美國，發行股票的公司數不勝數，此現象尤其明顯。

以全球可交易股票總量來看，截至二〇二二年底，美國股市占據百分之五十九，別國股市僅占百分之四十一。我們可說是股市巨頭。別國股市難以理解。會計系統往往不同，商業規則不同，貨幣不同。林林總總原因，都讓人對海外投資惶惶不安。

令人不安，不代表不值一試。要放眼全球。人人都置身全球市場。我們會購買中國、臺灣、南美、歐洲等地產品，較自產來得便宜、品質更優。還記得幾年前讀到一篇報導，美國進口最多的車款是福特，生產最多的卻是豐田。全球化已成現實，也將是大勢所趨。

那麼，何必只因這些股票非美股，就錯過百分之四十一的投資機會？雖可理解，卻不合理。市場有週期，國際市場、美國市場各有週期。時間一長，兩者預期報酬大致相同。分散投資的用意便在於此：藉由多元投資，避免所有投資同時下跌，以求長期獲得穩定報酬。當然，這也代表，不可能所有標的同時上漲。持有多元投資組合，長期來看，你仍可實現相同報酬，波動卻大幅降低。

長期來說，美股表現也許優於國際股市，如二〇一〇年至二〇二〇年所見。情況也可能相反，比如二〇〇〇年代。幾年前，有個投資人只打算買美股，為了向他證明這一點，我拿出一本書，書中記載了過去百年來的報酬。我請他隨機挑日期，查看往後二十年間，國際股市能否為投資組合增值。他挑了母親的生日、我母親的生日，還有總統就職日。結果，所有日期都顯示，比起僅持有本國股票，若能均衡配置全球股票，表現會較為優異。所以，開始建立投資組合時，請記住：「外面世界很大。」

217 法則 48
要放眼全球

217 法則 48
要放眼全球

法則 49 投資如宗教

不論身在何處，帶著信仰，融入愛，展現出來。路途中，保持心胸開闊。永遠別忘了，你也有可能錯。

——美國歌手保羅·索恩

保羅·索恩是歌手、詞曲創作人、畫家、哲學家，曾是出類拔萃的拳擊手。慶幸的是，還跟我同鄉；要是不同鄉，恐怕一輩子沒機會稱他為朋友了。小鎮就是這樣，你誰都認識。保羅父親是牧師，自小對基督教信仰耳濡目染。然而，就如所有偉大哲人，保羅虔誠之餘仍願反思，自己對宗教信仰是否有誤解之處。

〈你可能錯了〉一曲收錄於專輯《皮條客與牧師》，發行第二天，我恍然大悟，原來宗教與投資有異曲同工之妙。以宗教來說，你選擇一種信仰，投入其中，死後才會明白是對是錯。投資也大同小異，只不過在兩腿一伸前，答案就出來了。倘若有生之年，錢花光了，你就會意識到，自己可能錯了。

人生中不斷改變信仰，路途並不好走；航向不定，難免顛簸。投資亦然，計畫若變來變去，失敗機率也會大大提高。

那麼，要如何選一條適合自己的路呢？我認為，某程度上，兩者都適用同一套方法。選擇宗教時，通常會根據一個人的成長環境、歷史背景、經驗觀察、舒適程度。人生旅途中，若能有一位好牧師為伴，確實助益良多。選擇投資計畫，方法大同小異。

上門找我諮詢的人，大多深受父母、祖父母經驗影響。要了解其投資的舒適程度，需要花一番功夫；要釐清其金錢觀，又得下更多苦工了。金錢對他來說，是保障機制、競爭工具，還是通往幸福的途徑？要切實達成目標，這些都至關重要。唯有弄明白了，再依照歷史數據、實證資料、堅守計畫的毅力，來制定最佳策略。

投資計畫要長期堅持下去，亟需紀律。杏仁體一再央求你改變方向時，你得十分費勁，才能喚醒前額葉皮層，做出理性決策。所幸，迄今百年多來的資料足以證明，我們所投資的自由市場體系，無論年復一年充斥多少挑戰，終將會帶來回報。

最後一點，下各種決策時，固然可靠自己。你大可自行擬定計畫、付諸實踐，不仰賴任何人。信仰動搖時，若有一位好牧師值得倚靠，會很有幫助；投資也一樣，若能找對顧問，協助你重回正軌，成功機率也會大幅提高。如果一時想不透，不妨翻回法則三，重溫一遍。

法則 50 最佳報酬不見得是最大報酬

綜合考量所有因素，不難發現，最佳預期投資報酬會因客戶而異。

——五月花普利茅斯資本有限公司執行長小亨德里斯・范倫・史密斯

邁向財務健康之路，難免遇到許多突如其來的挑戰，打亂精心安排的計畫。我在投資業即將邁入四十年，眼見有些事總是不斷重演，為計畫帶來嚴重的打擊。

舉例來說，有人會上門來說：「我其實一直在考慮，要不要拿些錢給你投資。就卡在，不知道該找你還是其他人，所以我打算這麼做。這筆錢，你們各拿三分之一，年底看誰績效最好，再來決定誰能拿到所有錢。」

讓幾位專家相互競爭，看看誰能勝出，這招看似聰明。問題在於，這位仁兄說，績效最好的將拿到所有資金。言下之意便是，目標不重要，風險承受度不重要，投資標的恰當與否不重要，唯有報酬重要。

如此一來，這些攸關長期成功的首要因素，肯定被我們三人拋諸腦後。只能擲骰子般賭一把，祈禱能贏。這位仁兄的投資組合，不是高風險、高報酬，就是高風險、高虧損。

長年從事投資管理，我發現，追求或需要高風險投資組合的客戶，其實少之又少。以投資組合報酬多寡決定成敗，卻會落入高風險的局面。

我還發現，要建立恰當投資組合，務必考慮到你的感受。錢對你來說有何意義？是保障機制，還是得分卡？是要開創機會，還是自勉回饋他人？投資組合跌到什麼程度，你會打算改變計畫？顧問得釐清這幾點，才能打造適合你的投資組合。了解客戶感受，才能幫助客戶堅持所選，邁向財務健康之路。

投資業有個祕辛，只要客戶投資期間夠長，要打造能達成目標的投資組合，並非一件難事。客戶面對恐懼、貪婪，依然堅守紀律，這種投資組合才稱得上優秀，也方能發揮價值。

若追求過高長期報酬，情緒卻禁不起日常劇烈波動，這種投資組合會讓人屢屢犯錯，最終離目標報酬愈來愈遠。如果合作夥伴是經紀人，得不斷調整投資來賺取收入，而你又未能定期檢視投資組合，等意識到問題，長期計畫也許早已偏離，大部分報酬都被手續費蠶食殆盡了。

制定投資策略時，若想仿效朋友或看似厲害的同事，你可能會發現，他們目標和你不同。在他們身上奏效的方法，未必適合你。

別忘了，你是獨一無二的。不論是你或顧問，都要先釐清你的金錢觀，並融入在財務目標，才有可能獲致成功。因此，勢必因人而異。

說到底，市場狀況如何，摯友績效好壞，都不重要。別人去年賺得比你多或少，也無關緊要。重要的是，你是否走在正軌、願意堅持到底。

做到這一點，投資競賽中，你就能勝券在握。

225 **法則 50**

最佳報酬不見得是最大報酬

中英名詞翻譯對照表

人物

三至九畫

大衛・布斯　David Booth

大衛・科特萊爾　David Cottrell

小亨德里斯・范倫・史密斯　Hendrith Vanlon Smith Jr

丹尼斯・魏特利　Denis Waitley

尤吉・貝拉　Yogi Berra

尤金・法馬　Eugene Fama

巴瑞・佛拉格　Barry Flagg

戈巴契夫　Mikhail Gorbachev

戈登・格蘭特　Gordon Grant

史巴克　Spock

史蒂夫・阿爾比尼　Steve Albini

史蒂芬・柯維　Stephen Covey

史懷哲　Albert Schweitzer

本・霍根　Ben Hogan

伊萊　Eli

伊萊・帕理澤　Eli Pariser

吉米・巴菲特　Jimmy Buffett

吉姆・帕克　Jim Parker

吉姆・羅恩　Jim Rohn

安妮特　Annette

艾雪　M. C. Escher

伯納・馬多夫 Bernie Madoff
伯納德・埃伯斯 Bernie Ebbers
克林・伊斯威特 Clint Eastwood
坎農・方德伯克 Cannon Funderburk
貝瑞・拉金 Barry Larkin
貝爾・格里爾斯 Bear Grylls
東尼・羅賓斯 Tony Robbins
阿奇・曼寧 Archie Manning
保羅・紐曼 Paul Newman
保羅・索恩 Paul Thorn
威廉・亞瑟・沃德 William Arthur Ward
威廉・莫爾頓・馬斯頓 William Moulton Marston
柯藍默 Kramer
派屈克・傑克・歐魯克 P.J. O'Rourke
珍・洛特爾 Jane Lotter
約瑟夫・坎貝爾 Joseph Campbell
約翰・坦伯頓爵士 Sir John Templeton
約翰・拉克斯 John Lachs
約翰・哈迪 John Hardy
約翰・柏格 John Bogle
約翰・葛里遜 John Grisham
祖克柏 Mark Zuckerberg

十畫以上

唐・布魯斯 Don Bluth

庫帕　Cooper
班傑明・葛拉漢　Benjamin Graham
納西姆・尼可拉斯　Nassim Nicholas
納撒尼爾・布蘭登　Nathaniel Branden
馬汀・波勒斯　Martin Paulus
培頓　Peyton
寇克艦長　Captain Kirk
梅根・達姆　Meghan Daum
傑森・奧爾迪恩　Jason Aldean
傑瑞米・佛利　Jeremy Foley
凱撒大帝　Julius Caesar
喬治・馬丁　George R.R. Martin
華倫・巴菲特　Warren Buffett

菲利普・格達拉　Philip Guedalla
塞佛・哈定　Salvor Hardin
葛莉絲・納波利塔諾　Grace Napolitano
雷根　Ronald Reagan
瑪麗亞・莎拉波娃　Maria Sharapova
赫伯特・喬治・威爾斯　H. G. Wells
齊克果　Søren Kierkegaard
摩西奶奶　Grandma Moses
盧・霍茲　Lou Holtz
盧梭　Jean-Jacques Rousseau
貓王　Elvis
羅伯特・佛洛斯特　Robert Frost
羅伯特・麥肯　Robert J. McKain

羅賓・西格　Robin Sieger
蘇魯　Sulu

企業／單位

大哥大姐會　Big Brothers/Big Sisters
五月花普利茅斯資本有限公司　Mayflower-Plymouth
太陽唱片　Sun Records
世界通訊公司　Worldcom
加州大學　University of California
史丹佛金融集團　Stanford Investment Firm
史考特・里德家族有限公司　Scott Reed Family, LLC
企業號　Enterprise
全國廣播公司　CNBC
安隆公司　Enron
佛羅里達大學　Florida
投資財富學會　Investment and Wealth Institute
男孩女孩俱樂部　Boys and Girls Club
卓越受託人中心　CEFEX
哈迪里德有限公司　Hardy Reed, LLC
美國法警局　U.S. Marshals
美國海軍陸戰隊　Marine Corps
美國國稅局　IRS

美國勞工部　Department of Labor
范登堡大學　Vanderbilt University
紐約世貿中心、世界貿易中心　World Trade Center
紐約證券交易所　New York Stock Exchange
財務規畫協會　FPA
救世軍　Salvation Army
註冊投資管理分析師　CIMA
華頓商學院　Wharton School of Business
董事會認證受託人　BCF
董事會認證受託人中心　Center for Board Certified Fiduciaries
達爾巴集團　Dalbar Group
圖珀洛高中　Tupelo High School
維拉利提人壽保險評級公司　Veralytic Inc.
認證投資受託分析師　AIFA
認證卓越推動促進委員會　PACE committee
德明信基金　Dimensional Fund Advisors
聯合勸募　United Way
聯準會　Fed

財經專有名詞

三至十畫

上升　uptick

上升風險　upside risk
上升潛能　upside
下行風險　downside risk
大型股　large-cap stocks
小型成長股　small cap growth stock
小型股　small-cap stocks
內在價值　intrinsic value
分散；分散投資　diversification
反向指標　contra indicators
主動管理型投資　actively managed investments
另類投資　alternative investments
市值　market value
市場占有率　market share
市場波動　market movements
目標價格　target price
合理市場價值　fair market value
多元投資組合　diversified portfolio
多元資產　non-correlating assets
多頭市場　up market; upmarket
安全風險　security risk
年化報酬　per year return
成長預測　growth projection
收益　yield; gains
羊群心態　herd mentality
自由市場體系　free market system

估值　valuation
冷門股　cool dot
均值回歸　reversion to the mean
投資委員會　Investment Committee
投資政策聲明　Investment Policy Statement
投資組合　portfolio
投資期間　time horizon
投資銀行部門　investment banking division
投資模型　investment model
每日績效　day to day performance
受託人　fiduciary
固定收益　fixed income
固定利率投資　fixed interest rate investments
定存單　Certificate of Deposit; CD
抵押債券　mortgage bond
空頭市場　down-market; downmarket
股市崩盤　stock market crash
股東　stock-holder
股票　equities
股票經紀人　stockbroker
近鄉偏誤　home bias
保證報酬率　guaranteed rate of return
建立投資組合　portfolio construction

恢復期　recovery time

持有期間　holding period

指數型基金　index funds

挑選投資標的　individual investment selection

流動性差　illiquid

相應指數　corresponding index

美國證券從業員系列七　Series 7

追蹤誤差　tracking error

退休金計畫；退休計畫　retirement plan

風險承受度　tolerance to risk; risk tolerance

風險級別　risk level

風險偏好　risk appetites

風險概況　risk profile

個股　individual securities

個股研究　security research

核心資產　"serious" money

真實價值　true value

財務規畫之心大獎　FPA Heart of Financial Planning Award

十一畫以上

假設情境　hypothetical

基準指數　like index

專有產品　proprietary product

強勢股　winner
情緒錨點　emotional anchor
梯形投資組合　laddered portfolio
淨值市價比　book-to-price ratio
被動型投資　passive investments
被動型管理　passive management
貨幣市場基金　money market funds
報酬遞減法則　law of diminishing returns
場內經紀人　floor broker
揭露聲明書　disclosure statement
散戶　individual investor
減稅　tax break
舒適程度　comfort level
虛擬資金　play money
買入信號　buy signal
買方　buyer
買權　call option
超越大盤　outperformance
超額報酬　outsized returns
開放式架構　open architecture
傳家股　legacy stock
經濟大衰退　Great Recession
資格認證培訓　designation training
道瓊工業平均指數　Dow Jones Industrial Average
違約期　penalty phase

預期投資報酬　projected return of an investment; expected return of the investment
預期風險　projected risk
預期報酬　projected return
標準差　standard deviation
潛在成果　potential outcome
熱門股　hot dot
複利效應　compounding effect
賣方　seller
賣出信號　sell signal
整體市場共識　collective markets
績效不佳；表現不佳　underperform
虧損率　percent of loss
避險基金　hedge funds
錨定　anchoring
錨定股票　anchored stocks
證券持有者　owners of securities
變動年金　variable annuity

其他

內側前額葉皮質　medial prefrontal cortex
火箭科學　rocket-surgery
永遠忠誠　Semper Fi
生涯大滿貫　Career Grand Slam
全美大學體育聯盟一級男子籃球錦標賽

NCAA Basketball Tournament
回合　points
杏仁體　amygdala
服務型社會　service society
阻截　blocking
保障機制　safety net
前聯邦法院法官助理　Former Federal Law Clerk
前額葉皮質　pre-frontal cortex
客觀數據　hard data
基本邏輯　logic 101
堆高機　forklift
康尼島　Coney Island
情緒錨點　emotional anchor
接球手　receiver
超級盃　Super Bowl
跑衛　running back
進攻鋒線　offensive line
溫布頓網球賽　Wimbledon
圖珀洛市　Tupelo
擒抱　tackling
寵物石　Pet Rock
龐托托克市　Pontotoc
蘇聯核裁軍　Russian Nuclear Disarmament
靈丹妙藥　silver bullet

「今日秀」 *The Today Show*

《皮條客與牧師》專輯 *Pimps and Preachers*

《冰與火之歌》 *A Game of Thrones*

〈你可能錯了〉 *You Might Be Wrong*

〈我只懂這種方法〉 *That's the Only Way I Know*

《貝蒂戴維斯俱樂部》 *The Bette Davis Club*

《金錢》 *Money*

《財富》 *Fortune*

〈馬太福音〉第十九章第三十節 *Matthew* 19:30

《富比士》 *Forbes*

《彭博》 *Bloomberg*

《智慧型股票投資人》 *The Intelligent Investor*

《華爾街日報》 *Wall Street Journal*

「路易斯安納州乾草車」鄉村音樂節目巡迴演出 Louisiana Hay Ride Circuit

「叢林有個牛仔」 *There's a Cowboy in the Jungle*

《魔鬼士官長》電影 *Heartbreak Ridge*

穩住投資心態50智慧

股市上上下下，40年投資CEO給你最老練的獲利思維

作者　史考特・里德（Scott Reed）
譯者　薛芷穎
主編　劉偉嘉
校對　魏秋綢
排版　謝宜欣
封面　萬勝安
出版　真文化／遠足文化事業股份有限公司
發行　遠足文化事業股份有限公司（讀書共和國出版集團）
地址　231 新北市新店區民權路108之2號9樓
電話　02-22181417
傳真　02-22181009
Email　service@bookrep.com.tw
郵撥帳號　19504465 遠足文化事業股份有限公司
客服專線　0800221029
法律顧問　華洋法律事務所　蘇文生律師
印刷　成陽印刷股份有限公司
初版　2025年5月
定價　380元
ISBN　978-626-99530-4-2

歡迎團體訂購，另有優惠，請洽業務部 (02)2218-1417 分機 1124

特別聲明：有關本書中的言論內容，不代表本公司／出版集團的立場及意見，由作者自行承擔文責。

國家圖書館出版品預行編目 (CIP) 資料

穩住投資心態50智慧：股市上上下下，40年投資CEO給你最老練的獲利思維／史考特・里德（Scott Reed）作；薛芷穎譯. -- 初版. -- 新北市：真文化，遠足文化事業股份有限公司, 2025.05
面；公分 --（認真職場；36）
譯自：Top 50 rules of investing : an engaging and thoughtful guide down the path of successful investing practices
ISBN 978-626-99530-4-2（平裝）
1. CST: 投資　2. CST: 理財
563　114003921